新しいDX戦略

内山悟志 著

DIGITAL TRANSFORMATION

エムディエヌコーポレーション

はじめに

デジタルトランスフォーメーション（DX）が国内でも注目され始めて数年が経過し、ほとんどの企業が何らかの取り組みを開始していますが、ここにきてその姿勢に二極化が起こっているように感じます。一方は、コロナ禍の閉塞感や国際競争力の低下に危機感を感じて DX の推進に力強く舵を切った企業であり、他方は DX の先に目指すべき未来像を描けず、現状を肯定し、DX に踏み切れない企業です。この二極化現象は、業界ごとの格差にも表れており、また組織内の個人間にも生じています。デジタル後進国となった日本が競争力を回復させるためには、後者の意識変容が不可欠といえます。デジタル化は今後さらに社会全体に浸透し、その潮流に逆行することはできません。すべての業界、企業、個人がデジタルを前提とした新しい世界観に適応していかなければならないのです。

本書では、多くの人が DX の本質を理解し、何らかの行動を起こすためのヒントを多く盛り込むことを心掛けました。プロローグと Part. 1 では、なぜ DX が必要なのか、DX とは何かについて、あらためて考える材料を提示しました。Part. 2 では主要なデジタル技術、Part. 3 では具体的な実践施策について解説しましたが、ここでは難解な技術解説を避け、多くの事例を示しました。Part. 4 では、重要であるにもかかわらず多くの日本企業にとって難易度の高い組織カルチャーの変革について取り上げました。

DX への取り組みに終わりはありません。そして DX そのものに失敗はありません。デジタルジャーニーと呼ばれる長い旅路の過程には、うまくいかない施策もあるでしょうが、そこから学び、やり方や経路を変えて挑戦し続けることが大切です。

本書が、あらゆる業界、企業、個人の行動変容のきっかけとなり、DX を前進させることに役立つことを願っています。

2021年6月
内山悟志

DXとは、デジタルの時代に適応できるよう、ビジネスや業務、そして一人ひとりの行動を変革することです。

あらゆる業界や企業にとってDXは待ったなし

デジタル化の波が社会全体に押し寄せており、さまざまな業界を破壊する新勢力の脅威が現れているといわれていますが、今、世の中でどのようなことが起こっているのでしょうか。

そもそもデジタル化やDXとはどのようなものなのか、なぜ、DXが必要なのか、デジタル化に対応できなければどうなるのか、DXによって目指すべき先とは何処なのかといったことを踏まえて、デジタルがもたらす本質的な価値とその重要性を理解しなければなりません。

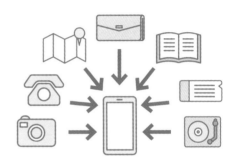

注目すべきデジタル技術とはどのようなものか？

インターネットの活用を前提としたさまざまなデジタル技術が次々と出現し、急速な普及と進化を遂げることで社会や産業に大きな影響を及ぼしています。これらは、これまでのITと何が違うのでしょうか。AI、IoT、ブロックチェーン、仮想現実／拡張現実など、とくに注目すべきデジタル技術とはどのようなものなのか、そして、それらはどのような場面で活用されているのか、主要なデジタル技術を活用することのメリットや適用分野を知っておくことが重要です。

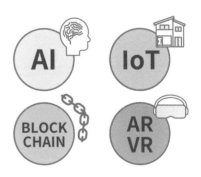

デジタルが浸透する社会がすぐそこまでやってきています。
企業は、そして私たちは、そのような社会に適応するために、どのような変革が求められるのでしょうか？

DXにおいて取り組むべき具体的施策とは何か？

　DXで実施すべき施策を考える際に、新規事業の立ち上げやビジネスモデルの変革に注目が集まりますが、それだけではありません。現場業務の高度化、顧客との関係の強化、働き方の変革など、社内の業務でもDXの機会はさまざまな場面で考えられます。また、デジタルを前提としたこれまでにないビジネスモデルも数多く生まれています。幅広い視野とゼロベースの発想で、これまでのビジネスや業務を大胆に見直すことが大切です。

DX推進の土台となる組織カルチャーとは？

　多くの企業がDXに取り組んでいますが、順調に進んでいる企業ばかりではありません。その理由の1つが旧来型の組織カルチャーにあると考えられます。DXの推進において、組織カルチャーは土台となるものであり、重要であるものの、変革の難易度が高く、多くの日本企業にとってネックとなっています。デジタルの時代に適合した組織カルチャーを手に入れるためには、組織や制度を表面的に変えるだけでなく、従業員一人ひとりの意識や行動を変革することが求められます。

Contents

Part. 4　DXに向けた組織カルチャーの変革

Prologue

新型コロナウイルスが 加速させた DX

コロナ禍によって、これまで当たり前だと思われていた物理的な行動が制限され、
私たちはオンラインやバーチャルが前提となる社会を疑似体験しました。
これにより、社会のデジタル化が加速すると考えられます。

外出自粛で疑似体験したアフターデジタルの世界観

社会や経済へのデジタル化の浸透と企業のDX（デ
ジタルトランスフォーメーション）への取り組みは、

新型コロナウイルス感染症の拡大以前から始まって
いましたが、コロナ禍の影響によってこの動きが加

01 アフターデジタルの世界観

これまでの世界観	インターネットで買い物をする	ビデオチャットで会話をする	楽曲をダウンロードして聴く

リアル（店や人）で接点を
持つ人が、たまにデジタル
でもつながる

リアルの世界で生きている

アフターデジタルの世界観	店舗で買い物をする	実際に会って会話をする	コンサートを聴きに行く

デジタルで常につながっ
ている人が、たまにリア
ルの場での接点を持つ

デジタルの世界でつながっている

コロナ禍の外出自粛やテレワークで、多くのビジネスパーソンがアフターデジタルの世界観を疑似体験した

速したといえます。

これまでの世界観では、リアル（店や対面）で接点を持つ人が、たまにデジタル（EコマースやSNS）でもつながるというのが一般的な考え方でした。しかし、モバイルやIoTの浸透によってあらゆるデータが捕捉可能となると、リアルの世界がデジタル世界に包含されます。

2019年3月に出版された『アフターデジタル』（藤井保文／尾原和啓著、日経BP社）では、このような現象を"アフターデジタル"と呼んでおり、デジタルで常に接点があることを前提とし、リアルな接触はその中の特別な体験の一部となると説明しています **01**。これは企業と顧客の接点のみを指すものでは

ありません。人々の生活、企業間の取引関係、生産活動を含む企業内の業務プロセス、物流や人の移動など、あらゆる社会的・経済的活動がデジタルでつながることを前提とし、リアルなやりとりや業務はそのつながりの中の一部となることを意味します。

新型コロナウイルスの影響による外出自粛を受け、バーチャルで会議をすることが通常となり、実際に対面するのが、その中の特別な体験の一部となったことを経験した人も少なくないでしょう。買い物やスポーツ観戦などにおいてもオンラインの活用が一般的な選択肢となりました。つまり、多くの生活者やビジネスパーソンが、アフターデジタルの世界観を疑似体験したことを意味します。

デジタル化への対応が企業の存続を左右する

コロナ禍による物理的な活動の制限が、企業におけるデジタル化への対応力の差を浮き彫りにしました。日本で初めて緊急事態宣言が発出された際の状況を振り返ってみましょう。ほとんどの社員が在宅勤務で通常とほぼ同様の仕事ができた企業もあれば、仕事の環境が整わないためにやむなく自宅待機や特別有給休暇で対応した企業もありました。両者の間に、生産性や顧客対応力で大きな差が生じたことは明白です。場合によっては売上や利益にも影響が及んだかもしれません。業種やビジネスモデルによっても在宅勤務が可能な業務領域に違いがあるため一概には比べられませんが、もし同業種においてこのような違いがあったとしたら、競争優位性に差が出ることは容易に想像できます。

ビジネスモデルの違いも重要な要素といえます。

たとえば、書籍や雑誌の出版を従来の紙媒体のみで行っていた場合と、電子書籍やWeb媒体での提供も行っていた場合とでは、売上への影響に大きな差が出ることは明白です。また、年間契約制のサブスクリプションモデルに対応していたら、売上がまったく落ち込まないというケースも考えられます。店舗を閉めなければならなくなった際に、顧客対応を店舗からインターネットにすぐに切り替えられる企業とそうでない企業とでは、明らかにビジネス対応力が異なります。デジタル化への対応は、企業の存続を左右するといっても過言ではないのです **02**。

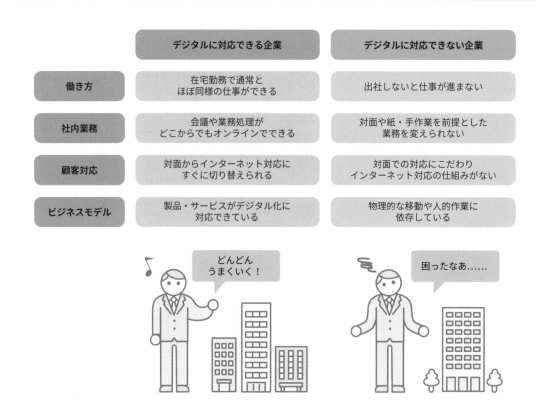

デジタルに対応できる企業はあらゆる面でメリットを享受できるが、対応できない企業はデメリットにさいなまれたままとなる

コロナ禍が社会のデジタル化を加速する

　さて、この先どのような未来が待ち構えているのでしょうか。ここでは話をシンプルにするために、いったん新型コロナウイルスの影響を除いて考えてみましょう。世の中では現在、経済・産業における大きなパラダイムシフトが進みつつあるといわれています。これまでの資本主義市場経済では、大量生産大量消費を前提とし、中央集中型の専有的な仕組みで生産、流通、輸送などが運営されてきました。そのため、事業規模を大きくすればコストが減るという「規模の経済」によって効率と生産性を高めることができ、生産者側の経営資源が大きいことが競争優位性の源泉となっていました。

Prologue

しかし今では、資本主義市場経済の最適化にも限界が見えてきました。それに加えて、デジタル技術の進展によって、物理的な制約を排除した新たな経済活動が可能となってきています。そのため、今後30年から40年の時をかけて、物理から仮想へ、モノからサービスへ、所有から共有へ、生産・消費から循環・再生へ、といったシフトがさまざまな分野で進み、オープンで分散型・共有型の経済システムが形成されていくことが予想されています。

もっとも、生産活動がゼロになるわけではありません。しかし、一度作ったものを再生・共有・再利用することで、限界費用を大幅に低く抑えた経済活動が展開されることでしょう。消費者は、消費者であるとともに生産者にもなり得るし、生産者と消費者の区分は不明瞭になっていきます。また、消費者側の規模の経済が重要となります。サービスの利用者が増えるほどその価値が高まるという「ネットワーク効果」によって、新たな生態系（エコシステム）への参加者が多くなるほど、提供価値が増大するようになります。これは、デジタル技術やデータを基盤とした新たな社会システムや経済環境ができあがることを意味します。

現在、世界的にSDGs（持続可能な開発目標）が注目されているのも、これまでの資本主義市場経済が衰退する前に、未来の目標となる新たな社会秩序や経済システムが求められているからにほかならないのです。

新型コロナウイルスは、こうした社会・経済・産業のパラダイムシフトを加速させると考えられます。経済への甚大な打撃とそこからの再生、社会システムの崩壊と再構築の過程で、デジタルを前提とした世界への移行が急速に進むと考えられます。すなわち、30年から40年の長い期間をかけて進行すると考えられていた、物理から仮想へ、モノからサービスへ、所有から共有へ、消費から循環・再生へのシフトが、非常に短い期間で進行すると考えられます 03 。

---

03 デジタル化で変わる社会・経済

これまでの社会・経済	アフターデジタルの社会・経済
物理	仮想
モノ	サービス
所有	共有
生産・消費	循環・再生

Prologue
2
デジタルが浸透する社会が
すぐそこまでやってきている

テクノロジーの進展は、これまでも世の中を大きく変えてきました。
そして、その進展のスピードは以前にもまして加速しています。
これまでの10年よりも、これからの10年のほうが大きく変わることは間違いありません。

テクノロジーの進展と普及の速度が加速している

テクノロジーの進展は、これまでも世の中を大きく変えてきました。しかし、これまでのテクノロジーの進展と、現在の「デジタル」という言葉で表現される変化は、同列には論じられません。テクノロジーが生まれてから普及するまでの時間が、両者で大きく異なるからです。たとえば、新しいテクノロジー

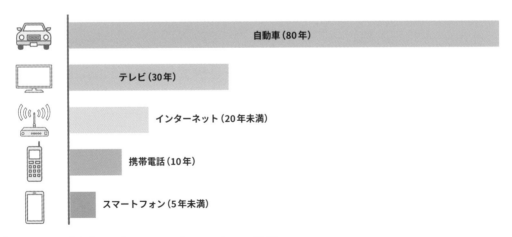

01 新しいテクノロジーの普及の速度

自動車（80年）

テレビ（30年）

インターネット（20年未満）

携帯電話（10年）

スマートフォン（5年未満）

出典：Donay 2014およびUDNP「Human Development Report 2015」
http://hdr.undp.org/sites/default/files/2015_human_development_report.pdf

が誕生してから50%以上の人々が使うようになるまでに、自動車の場合は80年以上かかりましたが、テレビは30年、インターネットは20年未満、携帯電話は約10年といわれています。スマートフォンに至っては5年もかかっていません　**01**　。つまり、現在に近ければ近いほど、新規性のあるテクノロジーの普及速度が早いことを意味します。したがって、これまでの10年よりも、これからの10年のほうが、世の中がより大きく変わることは間違いありません。

今振り返れば、鉄道や自動車が普及する前、人々は徒歩や馬車で移動していました。このような変化により、街の景色や人々の暮らしは変わり、なくなった職業もあれば、新たに生まれた仕事も多数あります。私たちは今、まさにそのような時代の転換期にいるのです。人々は日々の暮らしの中で、世の中が少しずつ変わっていることに順応しながら生きているため見落としがちですが、10年前と今とでは、私たちは明らかに違う世界に生きています。

瞬く間に生活に浸透するデジタルツール

今、起こりつつある大転換について、まずは身近な私たちの生活から考えてみましょう。2008年に日本で最初のiPhoneが発売されてから十数年の間に、スマートフォンは一気に私たちの暮らしの中に入り込んできました。それまで、ガラケーと呼ばれる携帯電話はありましたし、家や職場の机の上にはインターネットにつながるパソコンが置かれていたかもしれません。しかし、スマートフォンは、その両方の機能を併せ持ち、いつでもどこでも持って歩ける最も身近な道具となり、必携品といえるほど生活に浸透してきました。通勤電車の中で、スマートフォンで音楽を聴いたり、マンガを読んだりするという今ではすっかり当たり前になった光景は、十数年前までは目にすることがなかったものです。地図アプリでお店を探す、辞書を使わずにGoogleで検索する、写真を撮ってSNSに投稿するといった行動も、それまでは当たり前ではなかったのです。今では、インターネットで買い物をしたり、出前を頼んだり、チケットを予約したりすることも、駅の改札をICカードやスマートフォンをかざして通ることも、コンビニでキャッシュレス決済することも、私たちの何気ない日常に溶け込んでいます。一昔前であれば、ラジカセ、カメラ、辞書、地図といった物理的な装置や紙の媒体でなければ得られなかった機能が、アプリという形でスマートフォンにすべて搭載されています　**02**　。そして、もはや電力や水道と同じように、通信回線が私たちの生活に不可欠なライフラインとなっています。

このように人々の行動様式やライフスタイルが変わると、需要や市場のニーズも変わります。新たな需要を満たすために、企業は新しい商品やサービスを次々と開発します。ネット小売りのAmazonやタクシー配車のUberなどのように、新しい企業や業態が生まれることもあります。また、それによって新しい仕事や職種が生み出されます。もちろんその間に、道路地図や分厚い辞書が売れなくなったり、改札で切符を切る人の仕事がなくなったりしているというのも、疑いようのない事実です。

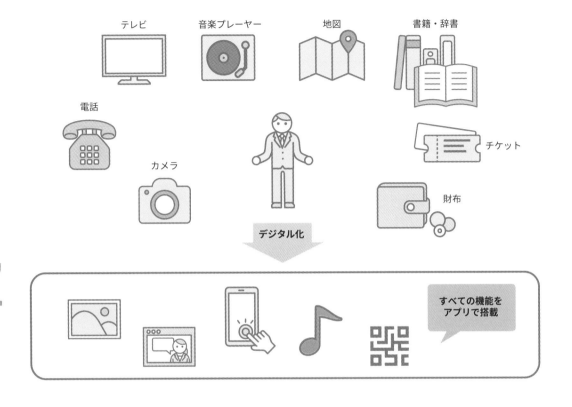

Prologue

社会全体に広がるデジタル化

　スマートフォンの普及は、私たちの生活や行動様式を大きく変えましたが、デジタル化の波はそれだけにとどまりません。あらゆる産業や社会・経済にも大きな変化をもたらします。たとえばその1つがMaaS（Mobility as a Service）です。MaaSとは、バス、鉄道、タクシーからカーシェア、シェアサイクルといったさまざまな交通手段を結び付け、人々が効率よく使えるようにするサービスです。MaaSで

は、鉄道やバスなどの時刻表と、利用者の目的地などの情報を組み合わせ、利用者のニーズに最も合致した経路や移動手段を提案することに加えて、予約から支払いまでをまとめて行うことが可能となります。さらにAI（人工知能）の技術が進展し、自動運転が実現すると、出発地から目的地まで自動的に移動ができるようになるといわれています。

また、コロナ禍を受けてオンライン会議やオンライン授業などが広まりましたが、さまざまな産業分野において、オンラインにつながることでこれまで果たせなかったことが実現されていきます。機械や設備の遠隔監視や遠隔操作、医療分野における遠隔診断や遠隔手術、不動産のリモート内覧なども、すでに始まっています。

　さらに、デジタルがさまざまな社会的課題の解決に貢献することも期待されています。少子高齢化、労働力不足、都市の老朽化、防災・防犯、地球温暖化、資源・エネルギー問題、食料自給率、過疎化・空き家問題など、日本および世界には、将来的な社会的課題が数多く横たわっています。これらに対して、画像・音声・映像の認識技術、AIやロボティクス技術、ビッグデータ分析などを活用する場面が多岐にわたって存在すると考えられます 03 。

03 デジタルが産業や社会・経済に変革をもたらす

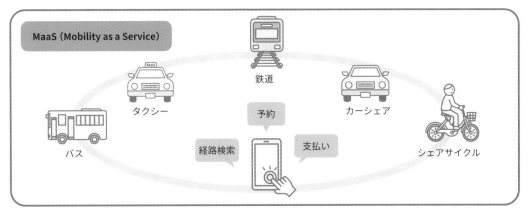

Prologue
3
テクノロジーの進展で みんなの仕事が変わる

これまでもテクノロジーは人間の仕事を奪ってきましたが、その範囲は限定的でした。
しかし、AIの登場によってその範囲は大きく広がろうとしています。
今後は、人間とAIがそれぞれの得意分野を活かして、役割を分担していくようになります。

テクノロジーの進展が仕事を奪う

テクノロジーの進展は今に始まったことではなく、これまでも世の中を大きく変えてきました。カーナビや駅の自動改札、コンビニの電子マネー決済などがその例です。テクノロジーは、人々の利便性を高めるために従来のやり方を置き換え、人間の仕事を奪いながら進展してきたといっても過言ではありません。

このように、人間が行ってきた作業や業務が機械やコンピュータによって置き換えられてきましたが、これまではその範囲が限定的で、反復的な物理的作業や事前に手順をプログラム化できる業務が主な対象でした。すでに多くの企業では、RPA（ロボティック・プロセス・オートメーション）と呼ばれるソフトウェア・ロボットを導入して、パソコン上の定型的な業務処理を自動化する取り組みを開始しています。また、工場や建設現場のような物理的な作業を必要とする場面でも、ロボットアームや自動運転の建機などが活躍しています。

しかし、AIの登場によってこれまでの常識は塗り替えられようとしています。これまで機械に任せることができなかった経験を要する仕事や、複数の要素を組み合わせて判断しなければならないような仕事の一部が、機械学習や深層学習（ディープラーニング）などを活用して遂行できるようになっています。ちなみに、機械学習とは、与えられた情報から自動的にパターンを学習して特定の処理を効率的に実行するAIの手法で、深層学習は機械学習の中でも、データを分析したり学習したりする過程をさらに強化した手法です。

とくに、AIが得意とする記憶、計算、検索、論理、推論・予測（確率）、パターン認識（統計）が適用できる分野では、人間に勝ち目はありません。また、人間には不可能だった仕事をAIが可能にすることもあります。たとえば、1万枚のレントゲン写真を数秒で読み取って、即時に癌の予兆を発見するというようなことは、どんなに優秀な医師でも不可能です。医師、

弁護士、技術者といった専門的な知識や経験が求められる職種の仕事であっても、その業務の一部は AI で代替可能といえます。

　加えて AI は、人件費や残業代が不要(利用料は必要)ですし、休憩もせずに 24 時間稼働し続けられます。

また、人間のように学習能力や処理能力に差があったり、記憶や能力が個人に帰属して他者に伝承しにくかったりするといったこともありません。テクノロジーが仕事を奪うことは、もはや避けることができないのです **01**。

01　人間と AI の特徴

人間

AI

- 人件費／残業代が必要
- 肉体的・精神的限界があり、休憩が必要で勤務時間が限られる
- 人間に適した働きやすい場所が必要
- 人によって学習能力や処理能力に差がある
- 記憶できることに限界がある
- 記憶や能力は人に帰属し、他者への共有は困難

- 人件費／残業代が不要 (利用料は必要)
- 休憩も不要で 24 時間稼働し続けられる
- サーバやクラウド上で稼働するので物理的な環境は不要
- 一定の高い学習力と処理能力
- 記憶量はほぼ無限
- 記憶や学習内容を即座にコピーして共有・反復が可能

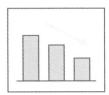

限界だ…

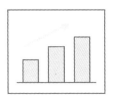

どんどん仕事をこなします

人間とAIの役割分担が進む

　反復的な物理的作業や事前に手順をプログラム化できる仕事がAIに置き換えられていくことは容易に想像されますが、それだけにとどまらないでしょう。今後は、経験を要する仕事や複数の要素を組み合わせて判断しなければならないような仕事も、AIが担えるようになることが予想されます。

　しかし、そうなったとしても人間の仕事がすべてなくなるというわけではありません。人間の仕事は、人間にしかできないことに絞られて残っていくと考えられます。結果として、AIが得意な領域と苦手な領域ですみ分けられ、人間の仕事は次の3つに絞られていくこととなるでしょう **02** 。

　1つ目は、「ホスピタリティ」です。AIは、文章や会話の意味を理解することはできません。質問に回答したりする対話型ロボットもありますが、それは自然言語処理という技術を使って、統計的なデータや人間が作成したルールに基づいて「人間ならこのような回答をすることが多いだろう」という判断を行って会話を成立させているだけであって、会話や文章の意味を理解しているわけではありません。そのため、人間の感情を読み取ったりすることができませんし、人間のような心の通ったコミュニケーションを行うこともできません。もちろん、現在の自然言語処理の技術でも、ルールに基づいて、一定のレベルの「おもてなし」や「気遣い」を感じられる対話はできますし、人間の表情や語気を読み取る研究も進んでいますが、人間のホスピタリティを完全に再現することは非常に困難といえます。

　2つ目は「リーダーシップ」です。AIは過去データからの統計や推論によって論理的に確からしい指示を出すことはできますが、経験（データ）がなく、学習できない分野の判断はできませんし、信頼や熱意で人を動かすこともできません。

　しかし、ここで誤解してはならないのは、リーダーシップとマネジメントの違いです。管理職となって部下に指示を与えていると、あたかもリーダーシップが身に付いたかのように考えがちですが、それは大きな間違いです。マネジメントを日本では「管理」と訳しますが、「管理」にも複数の意味が込められています。「物事をうまく行わせるために統制する」という意味で使われるマネジメントの多くの業務は、監視する、間違いを見つける、それを知らせる、確認するといった仕事であるため、AIによって置き換え可能な部分が多いと考えるべきです。

　一方、リーダーシップは、さまざまな定義や解釈がなされていますが、「未来を指し示し、人を突き動かし、その責任を取ること」だとすると、それは人間にしか担うことはできません。したがって、AIの支援を受けて人間がリーダーシップを発揮するという形態になっていくと考えられます。

　そして最も重要なのが、3つ目の「クリエイティブ」な仕事です。AIが、まったく新しい何かを創造するということはありません。過去データを使ってモーツァルト風の楽曲やピカソ風の絵画を制作することはできますが、AIがオリジナルの作品を創作することはできません。そのため、まったく新しい価値をゼロから生み出すのは、人間の重要な仕事となります。このように、人間と機械がそれぞれの得意分野

を活かして、役割を分担して仕事をしていくように　なっていきます。

02 人間とAIの役割分担が進む

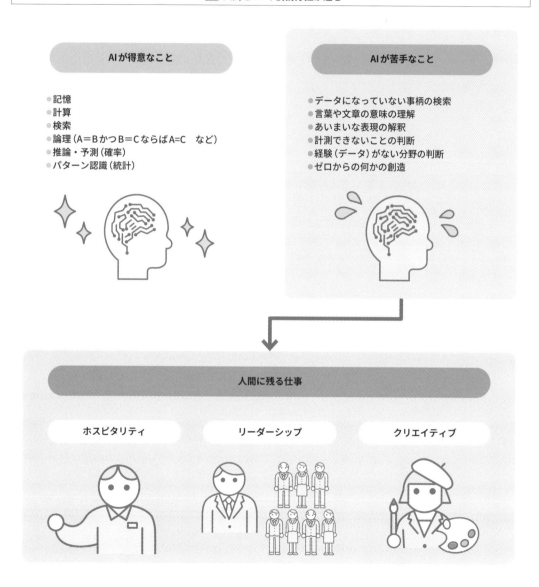

AIが得意なこと

- 記憶
- 計算
- 検索
- 論理（A＝BかつB＝CならばA＝C　など）
- 推論・予測（確率）
- パターン認識（統計）

AIが苦手なこと

- データになっていない事柄の検索
- 言葉や文章の意味の理解
- あいまいな表現の解釈
- 計測できないことの判断
- 経験（データ）がない分野の判断
- ゼロからの何かの創造

人間に残る仕事

ホスピタリティ　　リーダーシップ　　クリエイティブ

誰もがデジタルに適応するには

年齢や専門知識の有無は
あまり気にしないほうが良い

　オンライン会議の導入やキャッシュレス決済の普及などを推し進める際に、「高齢者やITに慣れていない人がいるから難しい、止めたほうが良い」などと考え、そのような人たちに配慮して特別に簡易な方法を検討するといった反応が見られます。たしかに、誰でも使いやすいUX（ユーザーエクスペリエンス）を考慮することは大切ですが、それによってDXにブレーキをかけては本末転倒です。

　実際の世の中では次々に新しいモノや新しい使い方が生まれて、人々はそれに適応して暮らしています。たとえば、お年寄りであっても、ITが苦手な人であっても、今ではみんな駅の改札をカードやスマートフォンをかざして通過しています。本当に必要なものであれば、新しいモノや使い方は自然に浸透していくのです。

　アメリカの社会学者エヴェリット・ロジャースが提唱した「イノベーター理論」でもいわれているように、新しいものに対しては、イノベーター（革新者）、アーリーアダプター（初期採用者）、アーリーマジョリティ（前期追随者）、レイトマジョリティ（後期追随者）、ラガード（遅滞

者）という層が、それぞれ一定の割合で存在します。レイトマジョリティやラガードに気を遣いすぎているとDXが一向に進みません。DXを進める際に重要なのは、こうした人々のためにゆっくり進めたり、彼らに特別に簡易な方法を提供しようとして多くの時間や労力を費やしたりしないことです。むしろ、このような人々に「触ってみたい」、「使ってみたい」と思ってもらうことが重要です。そのためには、アーリアダプターやアーリーマジョリティに向けて早期に提供し、継続的に良くしていくことで、必要性や便利さを認知していってもらうことが早道です。そのように継続的に良くしていくことで、誰もが使いやすい、身近なものになっていくはずです。

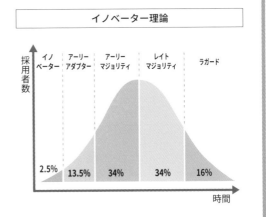

イノベーター理論

Part.
1

なぜDXが必要なのか

DXが注目される背景
～これまでのIT活用と何が違うのか

なぜ今、DXが注目されているのでしょうか。
背景にあるのは、これまでの常識が通用しないほどのビジネス環境の変化、
そして企業の変革を後押しするテクノロジーの進化です。

◎ 企業に求められるデジタル化する社会への対応

デジタル化によって時間的・物理的な限界が取り払われるなか、企業はこれまでと同じ事業や戦略では生き残れないという危機感を持ち始めています。これまでのようにモノをつくって売る、役務を提供して対価を得るといったビジネスではなく、別の方法で価値や体験を届ける方法が模索されています。飛脚や駕籠かきが鉄道や自動車に仕事を奪われたように、これまでと同じことをしていては、デジタル化した世界で生き残ることはできません。デジタル化の進展によって、地域や国境を超えた競争はますます激化しています。顧客の価値観の変化と多様化も進んでいます。さらに、ディスラプター（業界破壊者）と呼ばれる、新しいビジネスモデルで既存の業界を破壊するような新興勢力も台頭しています。不確実性の時代といわれる今日は、過去の成功体験や先行事例に基づいて立案した戦略や、これまで育んできた競争優位性が、何年にもわたって機能する時代ではなくなっているのです。少子高齢化による国内市場の飽和感、これまでの延長線上の戦略では成長が見込めないという閉塞感、そしてこれまでの常識が通用しないという危機感から、何らかのブレイクスルーを求める機運が高まっています。

◎ 変革を後押しするテクノロジーの進化と浸透

一方、IoT技術の進展やスマートデバイスの浸透といったテクノロジーの進化が、ビジネスの最前線におけるITやデジタル技術の活用の可能性を飛躍的に拡大させつつあります。また、クラウドサービスの浸透は、企業がITやデジタル技術の導入を推進する際のハードルを下げることに大きく寄与しています。以前であれば、新規事業を起ち上げるにあたっては、システム構築や技術導入に何年も費やしたり、何

千万円、何億円といった投資を必要としたりしていました。しかし、今ではクラウドサービスなどの仮想空間で試作品を作ったり、インターネット上でテストマーケティングを行ったりするといったことが、非常に短い期間で大きなコストをかけずにできるようになっています。こうした背景から、ITやデジタル技術を活用して本業分野におけるイノベーション

や新規事業分野の開拓を実現することへの期待が高まっています。企業は、既存ビジネスの効率化や対応力向上のためだけでなく、ビジネスモデルの転換、新規ビジネスの創出、業界構造の変革といった分野に、デジタル技術の活用の可能性を見出そうとしています 01 。

01　今、DXが求められる理由

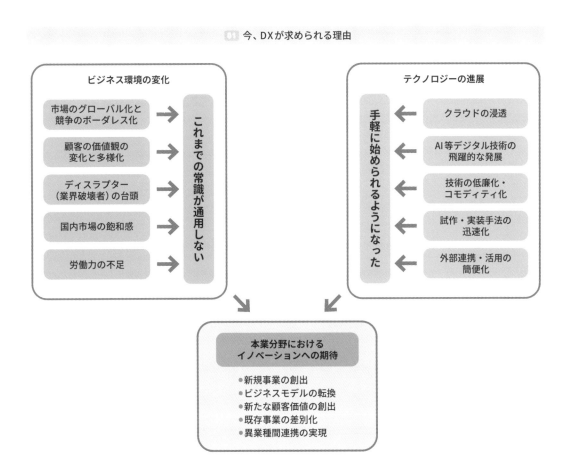

これまでの常識が通用しないビジネス環境になったところに、高度なテクノロジーの進化と浸透が加わり、本業分野におけるイノベーションへの期待が高まっている

● これまでのIT活用との違い

　企業はこれまでもパソコンなどのITを導入してきました。また、デジタル化された情報を伝達・共有・意思決定などに活用してきました。それでは、これまでの情報化（いわゆるコンピュータライゼーション）とDXの最大の違いとは何でしょうか。それは、<u>業務やビジネスに対する代替・改善・拡張にとどまるものであるか、破壊・変革・創造を伴うものであるか</u>、という点です。これまでの情報化では、社内に目を向けると「業務の効率化」を目的として、作業の自動化・省力化、管理の計数化・見える化、情報の伝達・共有・再利用などを推し進めてきました。顧客や取引先といった社外に対しても「ビジネスの対応力向上」を目指して、顧客との関係の強化、販売チャネルの拡張、品質や納期の改善などが取り組まれてきました。

　一方、DXでは社内においても「業務の変革」を目指して、業務そのものの自動化・不要化、意思決定方法の変革、指揮命令・組織運営の改革などを実現しようとしています。さらに、対外的な取り組みとして新規の顧客価値の創出、ビジネスモデルの転換、新規事業分野への進出など「ビジネスの変革」が期待されています **02**。

02 これまでのIT活用とDXの違い

提供価値	
維持・改善・拡張	破壊・変革・創造

価値提供の対象

外部（顧客）

ビジネスの対応力向上
- 顧客関係の強化
- 販売チャネルの拡張
- 品質や納期の改善　など

ビジネスの変革
- 新規の顧客価値の創出
- ビジネスモデルの転換
- 新規事業分野への進出　など

内部（社内）

業務の効率化
- 作業の自動化・省力化
- 管理の計数化・可視化
- 情報の伝達・共有・再利用　など

業務の変革
- 業務そのものの自動化・不要化
- 意思決定方法の変革
- 指揮命令・組織運営の改革　など

コンピュータライゼーション　　**デジタルトランスフォーメーション**

● DXに求められる斬新な発想と大胆な姿勢

　企業はこれまでも情報化を進めてきており、ITをさまざまな局面で活用しています。しかし、単なる業務の効率化や部分的な自動化では、業務やビジネスを大きく変革することは難しいといわざるを得ません。つまり、現状の延長線上にあるような発想ではなく、「今までやっていたことをやめてしまう」、「まったく違うやり方に変える」、「違うやり方をゼロから創り出す」というように、これまでの常識を打破するような斬新な発想が必要となるのです 03 。

　これまでの業務改善のための情報化やIT活用の際には、業務部門へのヒアリングで課題や業務要件を引き出すことが一般的に行われてきました。しかし、DXではこの手法が通用しない場合があります。たとえば、AIの適用分野を探そうと社内をヒアリングして回ったものの、そもそも業務部門のメンバーが「AIで何ができるか」を知らないため、ニーズが出てこないといったことが起こります。また、業務部門のメンバーは、現在の仕事や業務プロセスに慣れ親しんでいて、「本来の目的は何か」、「本当に合理的なプロセスなのか」といった疑問を持たずに遂行していることがあります。デジタル技術を活用した抜本的な業務改革を発想するためには、ゼロベースで適用の可能性を探ることが求められるのです。

03 DXに求められる破壊・変革・創造の姿勢

維持	今までできていたことを確実にやり続けられるようにする
改善	同じやり方でこれまでよりも、少し良くする
拡張	10できていたことを11や12できるようにする

破壊	今までやっていたことをやめてしまう
変革	これまでとまったく違うやり方に変える
創造	違うやり方をゼロから創り出す

階段を着実に昇るイメージ

違う階段に飛び移るイメージ

デジタル化がもたらす
3つの価値とは

巷では「デジタル化社会」「デジタル時代の到来」といった言説が飛び交っています。
それはいったい何を意味しているのでしょうか。
私たちの身の回りで見られる現象を例に挙げ、3つの重要な価値に注目してみましょう。

● あらゆるデータが捕捉できることの価値

デジタル化がもたらす1つ目の価値は、「あらゆるデータが捕捉できるようになる」ということです。昨今、ニュース映像などで監視カメラやドライブレコーダーで記録された動画を見る機会が増えましたが、これは店舗や自動車に取り付けられたカメラの映像データがデジタル化され、保存されるようになった

01 あらゆるデータが捕捉できる

データ

あらゆるデータがデジタル化されて
捕捉できるようになる

■例
●監視カメラの映像
●駅改札の入出場記録
●キャッシュレス決済の利用履歴

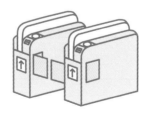

データは、捕捉されてどこかに保存されるだけなく、分析や予測に活用される。これにより、利用者にとってより便利になったり、新しいサービスやビジネスが生まれたりして、現実の社会にフィードバックされる

からです。私たちは今や、普段の生活の中でさまざまなデータを生み出しています。駅の改札を通る、ETCで高速道路のゲートを通過する、コンビニでスマホ決済するといった行動のたびにデータが生み出され、どこかに保存されています。今後、生活者の衣・食・住、交友関係、健康状態、購買・移動などの行動にかかわる情報がデジタル化されていくでしょう。また、気象、交通、災害などの社会環境にかかわるさまざまな情報、企業における事業や業務にかかわる営みなど、あらゆる情報がデジタルデータとして捕捉できるようになっていきます **01**。

データは、捕捉されてどこかに保存されるだけはありません。これらのデータが分析や予測に活用されることで、利用者がより便利になったり、新しいサービスやビジネスが生まれたりして、現実の社会にフィードバックされるということが重要なポイントです。たとえば、歩数、脈拍、心拍数、体温などの生体情報を活用した健康増進アプリや生命保険商品などが開発されています。また、車載機器から運転状況のデータを収集して自動車保険料の算定に活用したり、GPSのデータからタクシーを配車したりするといった新たなビジネスモデルを創出した事例も多数あります。

◉ 人やモノがつながり合うことの価値

デジタル化がもたらす2つ目の価値は、「インターネットなどのネットワークによって人やモノがつながりを持つ」ということです。人と人がつながるという体験もSNS（ソーシャルネットワーキングサービス）の普及で広がってきました。何年も会っていない友人や、会ったこともない海外の人であっても、どのような暮らしをしているのかを垣間見ることができます。

あらゆる行動や事象がデジタルデータ化されると、それをやり取りすることで新しい価値が生み出されます。それは、人と人のコミュニケーションかもしれませんし、商取引かもしれません。たとえば、宅配便が届く日時をメッセージアプリで伝えてもらったり、遠く海外のインストラクターの映像を見ながらエクササイズしたりすることもできますし、一般的な消費者同士がフリマアプリでモノを売り買いすることもできます。また、こうした人と人、消費者と事業者とのつながりを活用することで、企業のマーケティングや顧客との接点の作り方も変わってきています。大量消費の時代が終焉し、「モノ」や所有に価値を見出してきた時代から、モノの先にある「コト」へと価値が移り変わり、さらにはSNSに典型的に見られるように「コト」に対する「体験」や「共感」が重視される時代へと消費トレンドが進化しており、「つながり」の重要性が高まっています **02**。

さらに、IoT（モノのインターネット）によって、モノとモノや、モノと人をつなぎ合わせることができます。元来、インターネットに接続されるデバイスはコンピュータや通信機器に限られていました。しかし、小型化した携帯通信モジュールを搭載した機器やセンサーがインターネットにつながるようになり、現在ではテレビ、オーディオ機器、照明、AIスピーカーなどのデジタル家電、自家用車、自動販売機、産

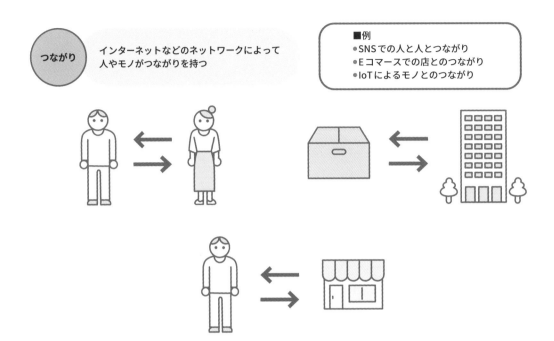

インターネットやSNSによって、人と人、消費者と事業者がつながるだけでなく、IoT（モノのインターネット）によって、モノとモノや、モノと人をつながり合わせることができる

業用機器などをインターネットに接続することは一般的になりつつあります。また、機器だけでなく、道路、河川、ダム、ビルなどの設備や自然環境にもセンサーや通信モジュールを設置し、インターネットに接続して監視や遠隔操作に役立てることができます。

センサーがあらゆる機器や設備に搭載され、接続されるようになると、つながりの対象は一気に広がります。機器の故障の予兆を事前に感知できるかもしれませんし、河川の増水やビルへの不審者の侵入を知らせることで防災や防犯に役立つかもしれません。

● バーチャルな空間や体験が生まれることの価値

　そしてデジタル化がもたらす3つ目の価値は、「物理的な世界のほかに仮想的な世界が存在し、それら

を行き来できる」ことです。いうまでもなく私たちは物理的な世界に生きています。しかし、デジタルデー

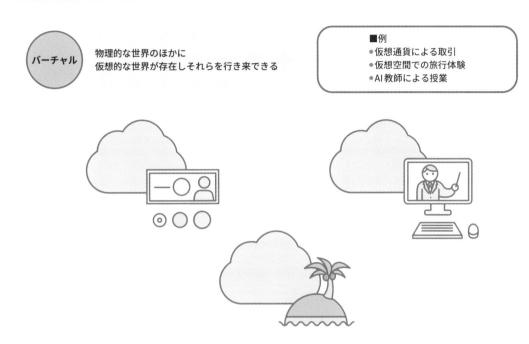

バーチャル

物理的な世界のほかに
仮想的な世界が存在しそれらを行き来できる

■例
● 仮想通貨による取引
● 仮想空間での旅行体験
● AI教師による授業

私たちは物理的な世界に生きているが、デジタルデータがネットワークを通じて行き交うことで、仮想的な空間や体験という新しい概念が生み出された。物理的な世界に加えて、もう1つの仮想の世界で社会生活が体験できるようになってきている

タがネットワークを通じて行き交うことで、仮想的な空間・体験という新しい概念が生み出されました。これまでは、実際に物理的な経験がある人しか、その体験を伝えることができませんでした。経済的な価値もお金という物理的なモノで交換されるのが当たり前でした。しかし、データとネットワークが作り出す仮想の空間がこれを変えようとしています。すでに仮想の空間で会議をしたり、教育を受けたりすることができるようになっていますし、仮想の通貨を支払うこともできます ■ 。

物理的な世界に加えて、もう1つの仮想の世界で仕事や遊びなどの社会生活が体験できるようになってきています。さらに、仮想空間の中の美術館や博物館に行ったり、遠隔地から医師の診療を受けたりもでき、あらゆる場面に広がっています。CG（コンピュータグラフィックス）が創り出した映像の中を旅行したり、AI教師の講義を受けたりすることも、もはや夢ではなくなっているのです。

Section 2　デジタル化がもたらす3つの価値とは

031

あらゆる業界に押し寄せる
新勢力による破壊の脅威

今、さまざまな業界でディスラプター（業界破壊者）と呼ばれる新勢力が台頭しています。
とくにデジタル技術を武器とするデジタルディスラプターは、
これまでとまったく異なるビジネスモデルで既存業界を大きく揺るがす存在となっています。

◎ 既存の業界を破壊する新勢力の台頭

Section 2で述べたデジタル化の3つの価値をうまく利用して、従来の業界に破壊的な打撃を与える存在が出現しています。このような新勢力の事業者は、ディスラプター（業界破壊者）と呼ばれていますが、とくにデジタル技術を武器とするデジタルディスラプターは、これまでとまったく異なるビジネスモデルで従来の業界構造や商習慣に風穴を開け、既存企業の優位性を大きく揺るがす存在となっています。

たとえば、タクシー配車のUberや民泊仲介のAirbnb（エアビーアンドビー）が、既存のタクシー業界やホテル業界に破壊的な衝撃を与えています。金融業では電子決済や仮想通貨などのFinTech（ファイナンシャルとテクノロジーの造語）が注目されています。製造業では3D技術、VR（仮想現実）、AR（拡張現実）などによってモノづくり改革が進むといわれています 01 。

民泊仲介のAirbnbは2020年9月の時点で、全世界220カ国で登録物件数が560万件を超え、通算の宿泊者数が延べ8億人に達したと発表しています。これはマリオットインターナショナルやヒルトン、インターコンチネンタルといった世界のホテルチェーンのトップ5の合計総客室数を上回っており、最大の"ホテル"企業になったことを意味します。しかし、Airbnbは客室を1つも持っていません。自社では敷地や建物などの資産、フロント業務や清掃のための人員を抱えずにサービスを提供しているのです。つまりAirbnbは、従来のホテル業とはまったく違うビジネスモデルでありながら、宿泊したい人に宿を提供するというホテルと同様の価値を顧客に提供しているのです。

米国では、ネットショッピングの台頭によって百貨店やショッピングモールの存在が脅かされる現象を"Amazonショック"と呼んでおり、実際に閉店や倒産に追いやられるケースも増えています。

デジタルディスラプターは、これまでとまったく

Amazon
↓
流通・小売業

Uber
↓
タクシー業界

Airbnb
↓
ホテル業界

3D・IoT
↓
製造業

FinTech
↓
金融業

異なるビジネスモデルで、スピード感をもってリスクを取ることを厭わずに襲いかかります。既存企業が長年培ってきた成功体験や伝統・歴史を意味のないものにするだけでなく、これまでの優位性を支えてきたものを足かせに変えることさえあります。駅前の一等地に店舗を構えている、全国に営業員を1万人配置している、最高級の施設や設備を保有しているといった、これまでであれば優位性の源泉となっていた企業の資産が、デジタルディスラプターとの競争においてはお荷物となってしまうことさえあるのです。

また、デジタルディスラプターは、既存企業1社を脅かすだけではなく、業界全体や周辺の業界にも影響を及ぼします。たとえば、Airbnbは、ホテル業界だけでなく、従来のホテルと取引のあるリネンサプライ業者、清掃業者、警備会社、レストラン事業者、食材業者、旅行代理店、周辺の商業施設や飲食店など、さまざまな業界からもビジネスを奪う可能性があるのです 02 。

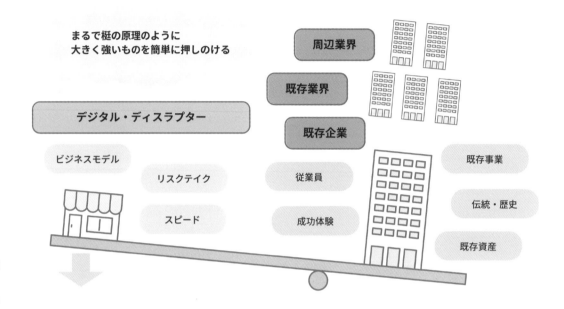

まるで梃の原理のように
大きく強いものを簡単に押しのける

周辺業界

既存業界

デジタル・ディスラプター

既存企業

ビジネスモデル

リスクテイク

スピード

従業員

成功体験

既存事業

伝統・歴史

既存資産

◉ あらゆる業界に押し寄せるデジタルディスラプションの第2波

デジタル技術やその活用を前提とした新たなビジネスモデルによって、既存企業の優位性や従来の業界構造が破壊されるような現象をデジタルディスラプションと呼んでいますが、その最初の波は、主力の製品・サービスやその取引プロセスが容易にデジタル化される領域に押し寄せました。製品やサービスそのものがデジタルに置き換えられたハイテク業界および通信業界、ニュースや音楽などのコンテンツがデジタルメディアを介して提供されるようになったメディアおよびエンターテインメント業界、取引がオンライン化された小売業や金融サービスなどが、

その第1波の襲撃を受けました。

そして今、製品・サービスのみならず、ビジネスモデルやプロセス、バリューチェーンをも飲み込むビッグウェーブとなる第2波が、B2B企業を含むあらゆる業界に押し寄せています 。第2波の特徴は、従来のバリューチェーンを解体（アンバンドル）し、異なる組み合わせ（リバンドル）によって新たな生態系（エコシステム）を形成することで、これまでにない顧客価値や市場を創出することです。銀行業と小売業、通信業とヘルスケアなど業種を問わない融合が発生しており、プラットフォーマーと呼ばれるデ

Part. 1

ジタル勢力が業界をまたいだ事業を展開し、従来の業種の境目を曖昧にしています。このビッグウェーブを回避することは、もはやできません。

　デジタル化の第1の波の多くは、デジタルネイティブ企業と呼ばれる新興企業によって巻き起こされたものです。小売業界ではAmazon、メディア業界ではNetflix、タクシー業界ではUberといった具合です。しかし、第2の波動の主役はこうした新興勢力だけでなくなる可能性があります。とくに、バリューチェー

ンをも飲み込むビッグウェーブとなれば、既存の大企業の出る幕も大いにあるでしょう。これまではグループ企業、ケイレツ、サプライチェーンといった枠組みで企業が連携・協力してきましたが、今後は企業の大小、新旧、資本関係、業界を問わず、ダイナミックな組み合わせによって、新たな社会システムや業界構造が構築されていくと考えられます。

デジタルディスラプションの第1波と第2波

メディア

通信・ハイテク

エンターテインメント

小売業

第1波

金融サービス

製品・サービスのみならず、ビジネスモデルやプロセス、バリューチェーンをも飲み込むビッグウェーブ

**B2B企業を含む
あらゆる業界**

第2波

銀行業と小売業、通信業とヘルスケアなど
業種を問わない融合が起こる

DXとは何か
〜進化しつつあるその本質

多くの企業がDXを推進していますが、
そもそもDXとは、どのようなものなのでしょうか。
そして、その本質は、どのように変わってきているのでしょうか。

◎ そもそもDXとは何か

　最初にDXの概念を提唱したのは、スウェーデンのウメオ大学のエリック・ストルターマン教授といわれています。2004年に彼が示した定義では、DXとは「ITの浸透が、人々の生活をあらゆる面でより良い方向に変化させる」と述べています。しかし、この定義は非常に抽象的であり、世の中全般の大きな動きを示してはいるものの、具体的に何をすることなのかを理解することは困難です。

01　DXの定義

> 企業がビジネス環境の激しい変化に対応し、データとデジタル技術を活用して、**顧客や社会のニーズ**を基に、製品やサービス、ビジネスモデルを変革するとともに、業務そのものや、組織、プロセス、企業文化・風土を変革し、**競争上の優位性を確立すること。**
>
> （出典：経済産業省「DX推進ガイドライン」2018年12月）

手段	対象	実施事項	目的
D	会社を ビジネスを 製品・サービスを 業務プロセスを 組織・制度を 文化・風土を	**X**	→ 競争上の優位性を 確立・維持する
Digital デジタルで		Transformation 変革する	

世の中全般の動向ではなく、企業が取り組むべきDXをより的確に表しているものとして、経済産業省が2018年12月に発表した「DX推進ガイドライン」があります。それによるとDXとは、「企業がビジネス環境の激しい変化に対応し、データとデジタル技術を活用して、顧客や社会のニーズを基に、製品やサービス、ビジネスモデルを変革するとともに、業務そのものや、組織、プロセス、企業文化・風土を変革し、競争上の優位性を確立すること」とされています 01 。

この定義では「データとデジタル技術を活用して」となっているように、技術はあくまでも手段として位置付けられています。すなわち、単にAIやIoTなどの先進的なデジタル技術を活用することが目的ではないということです。それによって「製品やサービス、ビジネスモデルを変革する」ことにとどまらず、「業務そのものや、組織、プロセス、企業文化・風土」までをも変革するとしています。その対象は多岐にわたるものであり、企業全体を大きく転換させる非常に広範な取り組みであるといえます。

◉ DXの本質が変わってきている

今後、社会のデジタル化がさらに進展していくにしたがって、DXの本質的な意味も変わっていくと考えられます。現時点でデータやデジタル技術は手段と位置付けられていますが、今後、デジタルは「手段」ではなく「前提」に変わります。社会や経済活動全体が高度にデジタル化され、あまねく浸透している世界が開け、Prologueで述べた"アフターデジタルの世界観"が広がると、それに適応した企業にまるごと

生まれ変わることがDXの本質となっていくでしょう。ビジネスモデル、取引や顧客との接点、働き方や社内の業務プロセス、意思決定や組織運営の方法、組織カルチャーなど、すべてがデジタルを前提として組み立てられている企業が、今後の目指すべき姿となります。すなわち、DXとは「企業をデジタル"で"変革する」のではなく「企業をデジタル"に"変革する」ことを意味するのです 02 。

02 進化するDXの本質

これまでのDX デジタルは「手段」	企業・組織・ビジネス・社会をデジタル"で"変革する Transform by Digital
これからのDX デジタルは「前提」	企業・組織・ビジネス・社会をデジタル"に"変革する Transform to Digital

また、これまでのDXの定義では「競争上の優位を確立すること」が目的とされていますが、これも変わってきます。同業他社やデジタルディスラプターと呼ばれる新規参入者を競合と見なして、他者との比較において競争優位を確立するのではなく、デジタルで新しい競争原理を創り出す時代となっていきます。すなわち、異なるゲームのルールを創り出すということです。また創り出した競争原理やゲームのルールも未来永劫有効というわけではないため、常に新たな価値創造に向けて攻め続けなければなりません。

● DXの全体像とは

DXの全体像を俯瞰してみましょう。まずDXは、「DXの実践」と「DXの環境整備」の2つから構成されます 03 。これらは不可分であり、歩調を合わせて進めなければならないものです。すなわち、具体的なDXの実践施策を遂行しながら、それと並行して企業内改革を含む環境整備も推し進めていく必要があります。国内企業によく見られるのは、環境整備をおろそかにしたままDXの実践活動を進めようとするケースです。このような場合、実際のDXを推進する過程で不備な環境に妨げられ、頻繁につまずくこととなります。

具体的なDXの実践には、業務の高度化や顧客への新規価値の創出を行う「漸進型イノベーション」と、新規ビジネスの創出やビジネスモデルの変革を行う「不連続型イノベーション」の2つのタイプがあります。前者は、主に既存事業を対象とし、デジタル技術やデジタル化したデータを活用して、業務のあり方を大きく変革したり、これまで実現できなかったことを実現したりします。一方、後者は自社がこれまで展開してこなかった分野の事業を創造したり、新しい市場を切り開いたりするものです。両者では、推進のアプローチや目指すゴールが異なります。DXに関する議論がかみ合わない状況をたびたび目にしますが、それはこの両者の違いを明確にしていないことが原因であることが多いと考えられます。これは、2019年2月に邦訳が出版された『両利きの経営』(チャールズ・A・オライリー／マイケル・L・タッシュマン著、東洋経済新報社)で述べられている考えです。同書では、既存の事業をより良くする「漸進型イノベーション」と新規のビジネスや市場を創造する「不連続型イノベーション」の両方ができる組織能力を、「両利きの経営」と呼んでいます。

一方、DXを推進するための環境整備には、意識・制度・権限・プロセス・組織・人材を整備・変革する「企業内変革」と、既存IT環境とITプロセスの見直し・シンプル化・再構築を行う「IT環境の再整備」の2つが含まれます。前者は、デジタル時代に対応できるように多岐にわたる企業内部の変革を推進することを意味します。後者は、老朽化した社内システムを刷新したり、迅速なシステム化を実現するために開発や運用のプロセスを見直したりすることを指します。経済産業省の定義でも述べられていたように、DXは、製品やサービスを変革するだけでなく、業務そのものや、組織、プロセス、企業文化・風土も変革

DXの実践（業務やビジネスの変革）

漸進型イノベーション

業務の高度化や
顧客への新規価値の創出

不連続型イノベーション

新規ビジネス・サービスの創出や
ビジネスモデルの変革

DXの環境整備

企業内変革

意識・制度・権限・プロセス・
組織・人材など整備・変革

IT環境の再整備

既存IT環境およびITプロセスの
見直し・シンプル化・再構築

Section 4　DXとは何か～進化しつつあるその本質

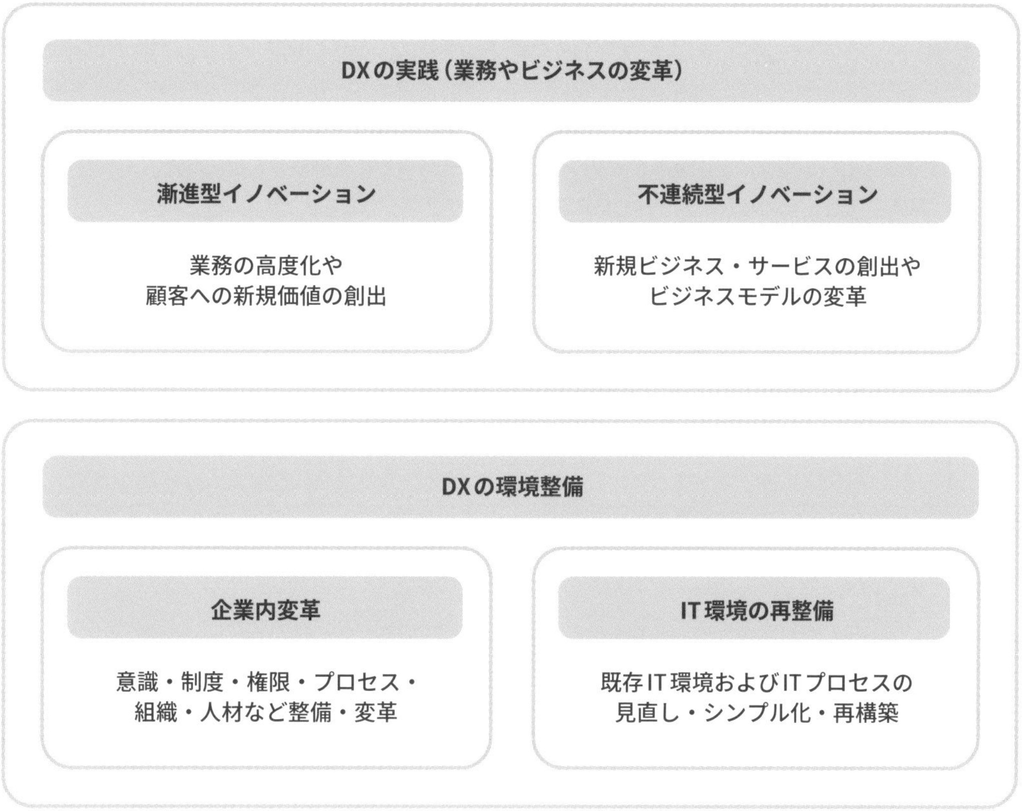

することであるため、DXの環境整備も避けることの
できない重要な取り組みとなります。

5 デジタル化とDXの関係とは ～2つのデジタル化と組織カルチャー

「デジタル化」には「デジタイゼーション」と「デジタライゼーション」の2つの意味があります。
DXでは、デジタイゼーションとデジタライゼーションの2つデジタル化を進めることに加え、
デジタルの時代に適合した組織カルチャーを身に付けることが求められます。

●「デジタイゼーション」と「デジタライゼーション」の違い

日本語の「デジタル化」には、「デジタイゼーション」と「デジタライゼーション」の2つの意味があります。デジタル化に関する議論をしていると、この2つの

デジタル化を混同している人が少なからずいます。「デジタイゼーション」は、物理的なモノやアナログの情報をデジタルデータに変換して表現することで、

01 デジタイゼーションとデジタライゼーション

デジタイゼーション

物理的なモノやアナログの情報が
デジタルデータで表現される

印鑑が電子印鑑に変わる

デジタライゼーション

デジタイゼーションを通じて
業務のやり方や取引きの形態が変わる

契約書

印電
鑑子

ワークフローによる電子承認や
電子契約で企業内の業務プロセス
や企業間の取引プロセスが変わる

たとえば印鑑という物理的なモノを電子印鑑に置き換えることです。これは、アナログカメラの写真フィルムがデジタルカメラの画像ファイルに置き換えられたり、紙の帳票がExcelファイルに置き換えられたりすることと同様のもので、これまでにもさまざまな分野で進められてきました。

これに対して「デジタライゼーション」は、まずは「デジタイゼーション」を前提として、それを通じて業務のやり方や取引の形態が変わる現象を表しています。すなわち「デジタライゼーション」と「デジタイゼーション」は包含関係にあります 01 。たとえば、楽曲や映像は、「デジタイゼーション」によってデジタルデータになっていることが前提となり、それによって入手や提供の方法をダウンロードや配信に置き換えることができるようになります。さらに、物理的な受け渡しが不要となり、取引の形態や決済の方法も変わります。

● 2つのデジタル化を前提としたDX

次に、これらとDXの関係を考えてみましょう。「デジタイゼーション」と「デジタライゼーション」の2つのデジタル化を駆使して、企業をデジタル"に"変革することが、DXの重要な1つの側面です。したがって、DXは「デジタイゼーション」と「デジタライゼーション」を包含した、より広範な取り組みといえます。これにより、働き方、社内外のコミュニケーションや業務プロセス、商取引、顧客サポートなど、企業のあらゆる営みをデジタルに適応させていくことができます。これまでのように、単に手作業や紙のプロセスをデジタルに置き換えたり、業務効率を高めたりするためのIT活用にとどまるものではありません。それは、デジタル化されたデータを活用することを前提に、業務やビジネスに組み立て直すことです。とくに、これまで実現できなかったことを、デジタル技術を使って実現可能にするような革新的な活用が期待されます。

たとえば、材料や部品の製造情報を無線ICタグ（RFID）などで管理することで、最終製品に不具合や

リコールが生じた際に、製造工程をさかのぼって確実に追跡することができるようになります。こうすることで、利用者の安全の確保や生産者の信頼性が向上し、社会における製品の安全性と信頼性が高まります。また、入力作業や押印のような人手を介するプロセスがなくなることにより、効率化にとどまらず、完全自動化や無人化が可能となります。このようなデジタル化を進めることで、従業員の働き方を改革することができるだけでなく、労働人口の減少による人手不足という社会課題の解決につながる可能性もあります 02 。

世の中には、「デジタイゼーション」は単なる効率化や省力化のための取り組みなのでDXとはいえない、という意見もありますが、デジタイゼーションができていなければデジタライゼーションも進みません。DXの最初の一歩として、デジタイゼーションも重要な取り組みの1つといえます。

何がDXに含まれていて、何が含まれていないかといった議論をすることよりも、2つのデジタル化の違

041

DX

デジタライゼーション

デジタイゼーションを通じて業務の
やり方や取引の形態が変わる

デジタイゼーション

物理的なモノやアナログの情報が
デジタルデータで表現される

2つのデジタル化を通じて
企業・産業・社会が変わる

取引プロセスの変化を通して働き方や
企業間連携のあり方や産業構造が変わる

いとDXとの関係を正しく理解したうえで、着実に DXを進めていくことが重要です。

● もう1つの重要な要素となる組織カルチャー

　企業のDXにおいて2つのデジタル化は重要な側面ですが、もう1つの忘れてはならない要素が、組織カルチャーという側面です。デジタルを前提とした企業運営に向けたDXの推進においては、技術そのものよりも重要であるものの、難易度が高く、多くの日本企業にとってネックとなっているのが組織カルチャーの変革です。

　たとえば、働き方の変革を考えてみましょう。コロナ禍の影響で在宅勤務やテレワークが推奨され、これに対応するためには業務のデジタル化の重要性が広く認知されました。しかし、テクノロジーを導入するだけで働き方を変革することはできません。

どこにいても業務遂行できるリモートワークを支える通信環境、協調的な作業を促進するコラボレーションシステム、業務の進展やパフォーマンスを可視化するツールなど、テクノロジー側の準備はおおむね整っています。そうしたテクノロジーの恩恵を最大限に活用し、デジタル時代に適合した企業となるためには、組織カルチャーの転換が求められます。仮に、デジタル化によって在宅勤務やテレワークでも業務が遂行できるような環境が整ったとしても、組織カルチャーが以前のままという状態では、新しい働き方は定着せず、すぐに元のやり方に戻ってしまいます。

Part. 1

GoogleやAmazonのように、インターネット時代のITやデジタル技術を利用することにより、事業モデルおよび能力を築いている企業を、デジタルネイティブ企業と呼びますが、こうした企業は生まれながらにしてデジタルを前提に、ビジネスモデルはいうまでもなく、事業運営の仕組みや業務プロセスを創り上げています。また、そうした企業は創造的な活動が推進しやすく、新しいことにリスクを取ってチャレンジする、自由闊達な組織カルチャーを備えています。また、国内企業であっても昨今のネットを活用したビジネスを展開するベンチャー企業は、デジタルネイティブ企業のビジネスモデルや組織カルチャーを学び取り、デジタルに適合した運営を実現している企業が多く見られます。一方、多くの伝統的大企業はデジタル化の進展度合いにはバラツキがあるものの、組織カルチャーの点では、従来型の日本的経営モデルに縛られている傾向が強いといわざるを得ません 02 。

このような企業では、ここで述べた2つのデジタル化を進めることに加えて、組織カルチャーをデジタル時代に適合するように変革していくことが求められます。この点については、Part.4で詳しく述べることとします。

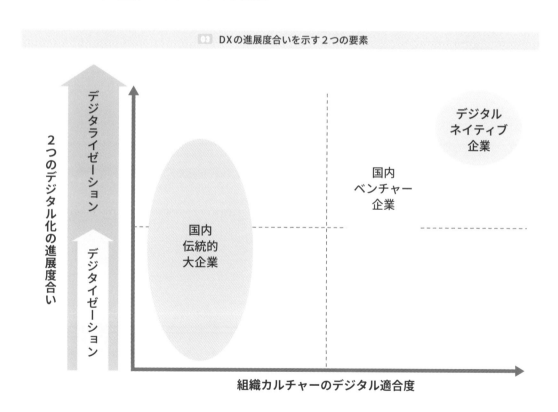

02 DXの進展度合いを示す2つの要素

2つのデジタル化の進展度合い

デジタライゼーション

デジタイゼーション

組織カルチャーのデジタル適合度

国内伝統的大企業

国内ベンチャー企業

デジタルネイティブ企業

6

なぜ日本の企業は
デジタル化に出遅れてしまったのか

DXの取り組みにおいて、
日本はほかの国・地域から水をあけられているといわざるを得ません。
その根本原因を踏まえたうえで、自社に最適な進め方を探すことが大切です。

● 日本の企業にありがちな「3つの呪縛」

国内企業に特有といっていい「3つの呪縛」があります。1つは「抱える重荷の呪縛」です。デジタル時代を牽引するグローバル大手企業やデジタルディス ラプターの多くは米国発祥の企業ですし、シリコンバレーでは毎日のようにデジタル技術を駆使したベンチャー企業が生まれています。企業の栄枯盛衰が

日本企業が抱える重荷の呪縛

米国	日本	中国／新興国
	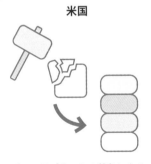	
ディスラプターとの競争による淘汰を産業の新陳代謝として受け入れ、ゼロから新しい世界を作り直す	過去の成功体験、旧来の組織制度や企業風土、老朽化し複雑化した既存システムを捨て去ることができない	経済成長とデジタル化が同時に進行し、何のしがらみもなくロケットスタートでDXに邁進

著しい米国では、ディスラプターとの競争による淘汰を産業の新陳代謝として受け入れ、ゼロから新しい世界を作り直すことも厭いません。一方、中国やアジアの新興国などはどうかといえば、経済成長とデジタル化が同時に進行しており、何のしがらみもなくDXに邁進しています。まさにロケットスタートの勢いです。

しかし、日本の企業は過去の常識や資産を捨て去ったり、大きく転換したりすることなく平成の30年を過ごしてしまったために、過去の成功体験、旧来の組織制度や企業風土、老朽化し複雑化した既存システムを捨て去ることができず、重たい荷物を背負ったまま、これまでと異なる、身軽さが勝敗を左右する新しいルールの戦場で戦いに挑んでいるのです 01 。

◎ トップダウンでは進まない日本のDX

2つ目の呪縛は「経営者のデジタル感度の呪縛」です。「技術のことはよくわからない」、「担当者に任せている」という経営者が少なくありません。これではデジタル時代に変革を起こすことは難しいでしょう。ちなみに、独立行政法人経済産業研究所の調査によると、国内企業の社長の通常交代時（解任または経営責任を取った辞任を除く）の平均年齢は、新任時で57.5歳、退任時65.2歳とのことです（米国では、新任時50.8歳で退任時60.6歳）。もちろん、年齢が若ければITに詳しいとか、デジタル時代の潮流を理解しているとかと、一概にいえるものではありません。しかし、この世代の経営者が若かった頃は、パソコンを1人1台与えられたり、電子メールを当たり前のように使ったりする時代ではありませんでした。そのような世代が、デジタルの可能性や最新動向をどこまで正しく理解できるでしょうか。

デジタル化の潮流が叫ばれて以来、これに対応する方法やデジタル戦略論、対ディスラプター対策などに関する書籍は数多く出版されています。しかし、欧米の著名な学者やコンサルタントが執筆するDX戦略の要点は、経営トップのリーダーシップを問うものばかりです。すなわち、経営者が将来に対する慧眼と強力なリーダーシップを持って、トップダウンでDXを牽引することを前提としているのです。一方、日本国内でDXに関する講演を行った際に寄せられる質問の多くは「どうすれば経営者の意識を変えられるのでしょうか」というものです。トップダウン型のDXを断行できる企業は多くはないというのが日本企業の実態といえます。経営者のトップダウンを待っていては、DXが始まらない、ということも考えられます。日本には、欧米と異なる日本流のDXの起こし方、進め方があるはずです。ボトムアップ、あるいはミドル層から変革を巻き起こすことができるのが日本企業の強さでしょう 02 。DXの重要性を認識した中堅や若手の中の誰かが、DXの最初の一歩を踏み出し、賛同者や協力者を増やしながら、経営者の理解や支援を得るように働きかけていく、「ボトムアップ型」や「ミドルアップダウン型」の推進アプローチが有効な場合もあります。また、大きな投資を傾けたり強力な陣容を固めたりしなくても、最初のひと転がりとなる試行的な取り組みができるのがDXの特徴でもあります。

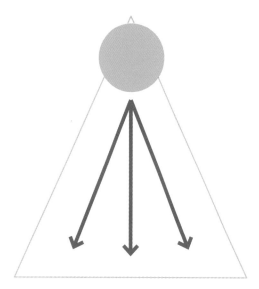

トップダウン型

海外の標準的なスタイル

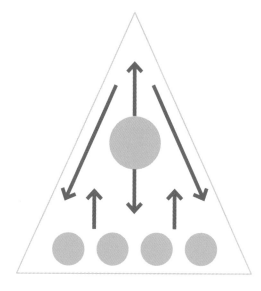

ボトムアップおよびミドルアップダウン型

日本企業の特徴的なスタイル

Part.1

● 旧来型の組織マネジメントはDXには通用しない

3つ目は、とくに大企業にとってDXを阻害する「組織マネジメントの呪縛」です。先述の組織カルチャーも組織マネジメントの呪縛の1つの要素です。日本企業は、同質性を重んじ、コンセンサスと前例主義を重視したマネジメントと意思決定によって運営されている傾向が強いからです。それは、日本の経済や企業における過去の大きな成功体験が関係しています。日本経済や多くの大企業は、大量生産・大量消費を前提とした1960年から1990年の高度成長期に

大きな成功を収め、躍進しました。そして、その時期に形成された業界構造、商慣習、事業形態、組織文化を温存し、その後停滞の30年を過ごしてきたことで、デジタル後進国といわざるを得ない状況に陥ったといえます。

高度成長期に形成された日本的経営モデルとそれを支えてきた組織マネジメントの考え方は、大量生産を前提とした時代には合理的でしたが、デジタルを前提とした時代には不適合と考えるべきであり、

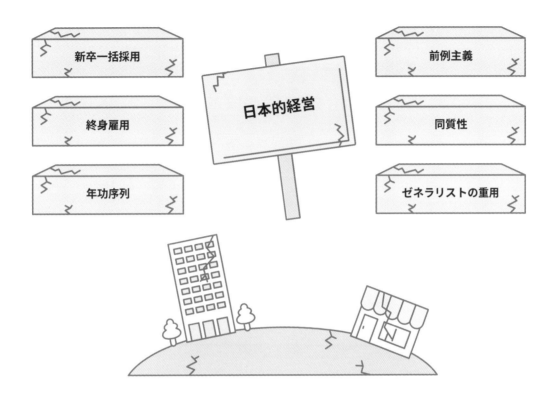

日本的経営の寿命はすでに尽きているといわざるを得ません 。デジタルの時代では、過去の成功体験や先行事例に基づいて立案された戦略や、過去に生み出された競争優位性が、何年にもわたって有効に機能することはなくなっています。これは、企業は新しい価値を生み出し続けなければ生き残れないことを意味し、そのためにはこれまでの常識を捨て去らなければなりません。デジタル化する社会に適応した企業に転身できるかどうかが、これからの日本企業の生き残りを左右するといっても過言ではありません。

　3つの呪縛について述べましたが、抱えている重荷の大きさ、経営者のデジタル感度、組織マネジメントの問題の大きさは、企業によってそれぞれ異なります。また、ディスラプターの脅威の切迫度合いやデジタル化の進展度合いも業界によって差があります。

　自社の状況に合わせて、DXの最適な進め方を模索することが大切です。

デジタル化が企業に及ぼす影響と
それに立ち向かうために必要な3つの能力

デジタル時代の到来は、企業にどのような影響を及ぼすのでしょうか。
ここでは、注目すべき「3つの影響」と、
それに立ち向かうために企業に求められる「3つの能力」について考えます。

◉ デジタル化が企業に及ぼす3つの影響

デジタル時代の到来が企業に及ぼす影響には、3つあります **01**。

1つは、既存事業の継続的優位性の低下です。同業他社がデジタル技術やデータを活用して優位性を向上させたり、異なる優位性を持つ新規の参入者が台頭したりすることで、自社の相対的な優位性が損なわれる可能性が高まっています。企業はデジタル技術やデータを活用した業務の高度化やコスト構造の変革により、既存の事業や優位性を維持・拡大していかなければなりません。

2つ目に、ディスラプター（破壊者）による業界破壊の可能性が挙げられます。デジタル技術を活用して新規の顧客価値を提供したり、異なるビジネスモデルで顧客を奪ったりする、いわゆるディスラプターが台頭することで、既存市場が破壊される可能性が高まるということです。アメリカでは"Amazonショック"と呼ばれる現象によって、大手デパートだけでなく、トイザらすやFOREVER 21のようにかつ

てはカテゴリーキラーと呼ばれていた専門小売店が大きな打撃を受けています。国内でもあらゆる業界にディスラプションの波が押し寄せており、対岸の火事ではなくなっています。企業は、製品・サービスをデジタル化したり、デジタル技術やデータを活用した新たなサービスを創出したりして、ディスラプターに対抗しなければなりません。

そして3つ目は、最も広範に影響するデジタルエコノミーがもたらす社会全体の構造変革です。デジタル化による社会システムや産業構造の急速な変化についていけず、取り残される恐れがあるということです。たとえば、富士フイルムは、2000年代前半に到来したデジタル化の大波により写真フィルム市場が10分の1に急減するという本業消失の危機に直面しましたが、高機能材料事業や医薬品、化粧品にも拡大したメディカル・ライフサイエンス事業へ軸足を移して生き残りました。一方コダックは、写真フィルム事業での大きすぎる成功のため、既存事業の業

┌─────────────────────────────────┐
│ **既存事業の継続的優位性の低下** │ ──→ 企業
│ 同業他社がデジタル技術やデータを活用して、 │   事業
│ 優位性を向上させることで、 │
│ 既存事業の優位性が損なわれる │
└─────────────────────────────────┘

┌─────────────────────────────────┐
│ **ディスラプターによる業界破壊の可能性** │ ──→ 業界
│ デジタルを前提とした新規の顧客価値を提供したり、 │
│ 異なるビジネスモデルの新規参入者が │
│ 台頭したりすることで、既存市場が破壊される │
└─────────────────────────────────┘

┌─────────────────────────────────┐
│ **デジタルエコノミーによる構造変革** │ ──→ 社会システム
│ デジタル化による社会システムや産業構造の │   産業構造
│ 急速な変化に追従できず、取り残される │
└─────────────────────────────────┘

績に悪影響を与えるという理由から、デジタルカメラを最初に開発したにもかかわらずその商業化を見送るなどしてデジタル化の波に乗り遅れ、フィルム市場の急激な衰退に伴い、2012年に会社が倒産し、"コダック・モーメント"と呼ばれました。鉄道や自動車の普及で人の移動や物流が大きく変わったよう

に、構造変革がもたらす影響はデジタル以前にも起こっていました。しかし、デジタル時代の到来は、これまでの産業革命といわれる大きな構造変革よりも、はるかに速いスピードで世の中を変えようとしています。

◉ 3つの影響に対応して企業に求められる「3つの能力」

　企業が今後、生き残り、成長していくためには、デジタル化が企業に及ぼす3つの影響に対応する形で、「3つの能力」を身に付けなければなりません **02** 。

　まず、「既存事業の継続的優位性の低下」という影響に対しては、デジタル技術やデータを活用して、既

存の事業や業務を高度化・変革していく能力、すなわち「漸進型イノベーション」を推進する能力が求められます。同業他社がデジタル技術やデータを活用して優位性を向上させたり、異なる優位性を持った新規参入者が台頭したりするのに対抗するためには、

049

漸進型イノベーション推進力

デジタル技術やデータを活用して、
既存の事業や業務を
高度化・変革していく能力

不連続型イノベーション創出力

デジタルを前提とした
新規の顧客価値やビジネスを
創出していく能力

変化適応力

社会や市場のデジタル化に対応して、
自らを継続的に変革して時代の変化に適応していく能力

他社に先んじて、より有効にデジタル技術やデータを活用して、競争優位性を維持・拡大しなければなりません。

2つ目の「ディスラプターによる業界破壊の可能性」に対しては、デジタルを前提とした新規の顧客価値やビジネスを創出していく能力、すなわち「不連続型イノベーション」を創出する能力が必要となるでしょう。場合によっては、自社の既存事業を破壊する可能性を持った新規事業を自ら創出しなければならないかもしれません。自社がやらなければ、他社がやると考えなければならないのです。

そして、3つ目の「デジタルエコノミーによる構造変革」の影響に対しては、社会や市場のデジタル化に対応して、自らを継続的に変革して時代 の変化に適応していく能力、すなわち「変化適応力」が求められます。「漸進型イノベーション推進力」によって既存事業の優位性を維持したり、「不連続型イノベーション創出力」によって新規のビジネスを創出したりできたとしても、それが1回きりで終わっていたのでは、次なる社会システムや産業構造の変化に追従できず、取り残されるということです。

とくに、既存事業で成長を果たしてきた大企業では、これまでの事業を漸進型イノベーションによって高度化しつつ、その一方で、現在の事業の優位性が枯渇する前に、不連続型イノベーションによって次の成長の糧となる事業を探索しておくことが求められます。

Part. 1

◉「3つの能力」とはすなわち「DXをやり続ける力」

これら3つの能力のうち「漸進型イノベーション推進力」と「不連続型イノベーション創出力」は、「DXの全体像」（P.38）で述べた「DXの実践」にあたるものです。どちらか一方を優先的に進めても良いですし、並行して推進してもかまいません。

一方、「変化適応力」は「DXの環境整備」にあたる部分であり、「DXの実践」の土台となり、「企業内変革」や「IT環境の再整備」、そして前出の組織カルチャーを含むものです。ビジネス環境は今後も変化し続け

ますし、技術革新も止まることはありませんので、もはや変化は恒常的なものと考えるべきです。DXを推進する環境を整備することで、社内の誰もが意識することなく、常に漸進型および不連続型のイノベーションを繰り出し続けられる企業となることが求められます 01 。

ここで述べた「3つの能力」とは「DXをやり続ける力」といえます。そして、これらを備えた企業が、DXの先に目指すべき企業像といえます。

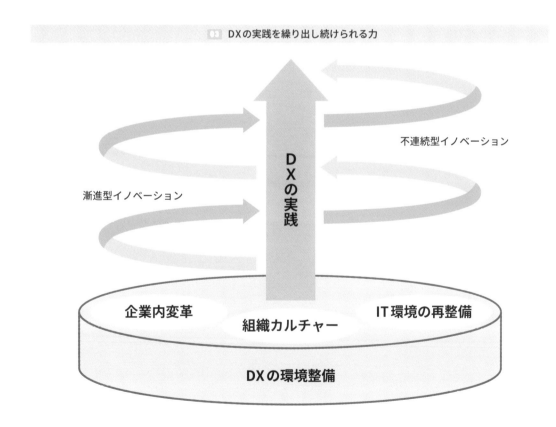

01 DXの実践を繰り出し続けられる力

不連続型イノベーション

漸進型イノベーション

DXの実践

企業内変革 　組織カルチャー　 IT環境の再整備

DXの環境整備

コロナ禍によって
さらに浮かび上がった DXの重要性

デジタル化の潮流は着々と進行していましたが、
コロナ禍の影響によって、その重要性がさらに高まったといえます。
ニューノーマルといわれる時代への対応においても DX は不可避です。

● コロナ禍で露呈したデジタル化への対応の差

新型コロナウィルスの感染拡大によって、2020年の4月7日に最初の緊急事態宣言が発出されました。史上初の緊急事態宣言に伴い、政府はテレワークや出社制限を推奨しましたが、厚生労働省と LINE が共同で 2020年4月12日から4月13日に実施した調査によれば、テレワークをしている人は約27%と、ごくわずかにとどまったとのことです。従前から在宅勤務を推進していた企業は迅速に対応できましたが、慌てて Web 会議だけは導入した、あるいは結局ほとんど対応できなかったという企業も多く見られました。

確かに、店頭での接客、建設現場、工場の組み立て作業などテレワークが困難な業務は存在するため、すべての企業が全面的に対応することは困難でしょう。しかし、紙の請求書を作成して郵送しなければならない、契約書にハンコを押さなければならない、営業日報を社内独自のシステムに入力しなければならない、電話と対面しかコミュニケーションの手段

がないなど、通常のオフィスワークがデジタル化されていないことにより全面的な在宅勤務に踏み切れなかった企業も少なくありません。日立製作所やカルビーなどが、緊急事態宣言の全面解除後も幅広い職務で在宅勤務を推進していくことを表明していますが、注視しなくてはならないのは、これらの企業はコロナ禍への緊急措置として在宅勤務を推進したのではないということです。10年以上前から社内業務のペーパーレス化、社内システムのクラウド化、人事評価制度や給与体系の見直しなどを進め、働き方や組織運営の変革に地道に取り組んでおり、会社を丸ごと変える覚悟を持って DX を推し進めてきた企業だということです 01 。

デジタル化への対応力が、企業の競争力の差となって現れることを、コロナ禍が鮮明に示したといっても過言ではありません。

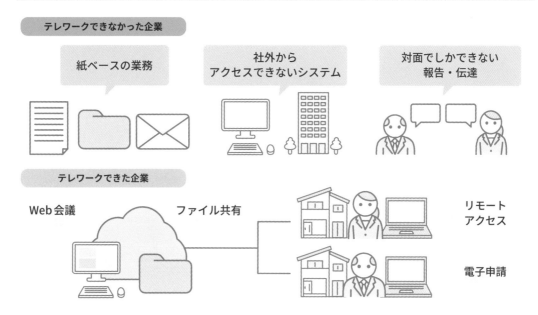

テレワークできなかった企業

紙ベースの業務

社外から
アクセスできないシステム

対面でしかできない
報告・伝達

テレワークできた企業

Web会議　　　　　ファイル共有　　　　　リモート
アクセス

電子申請

● 危機管理としても重要なDX

在宅勤務やテレワークへの対応のほとんどは、すでに成熟した利用可能な技術といえる文書のデジタル化、インターネットやクラウドの活用などで解決できるものです。したがって、対応できなかった企業では、テクノロジーの面だけでなく、報告や承認のプロセス、就業規則、人事評価制度などが整っていないことが阻害要因となったというケースも多く見られ、DXの環境整備が必要であることがあらためて問われました。すなわち、多くの企業がアフターデジタルの世界に対応できていなかったことが証明されたといえます。

今後はパンデミック（感染症の大流行）に限らず、広域災害など企業活動に影響を及ぼすリスクは常に存在していると考えるべきです。たとえば、大地震などが起こった際に、従業員の安否がすぐに確認できる、部品や資材の調達が滞らないようにサプライチェーンを切り替えられる仕組みになっている、安全で最適な物流ルートをすぐに見つけられる、といった対応が常時から準備されていることが重要な要件となるということです。こうしたリスクがあることを前提に、業務や働き方を設計しておかなければなりません。DXは企業の発展に寄与すると同時に、危機管理やリスク対策としても重要であることがあらためて確認されたのではないでしょうか **01**。

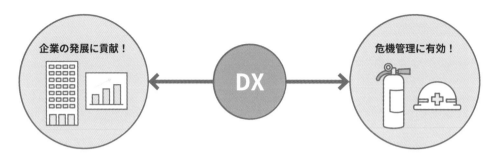

● 今後も求められる非対面・非接触への対応

　新型コロナウィルスの感染予防の対策として、非対面・非接触への対応が求められました。訪問して対面で営業するというスタイルから、ビデオ会議を活用したオンライン商談に切り替えるという事例も多数見られました。不動産業界では、実際に現地に内覧に来られない顧客に向けて、360度カメラによる画像やVR（バーチャルリアリティー）の映像を使って物件を紹介するなどの取り組みが活発化しました。

　三越伊勢丹は、リモートショッピングアプリを開発し、店舗・距離にとらわれない新時代の「お買物スタイル」を提案しようとしています。1つのアプリ内でチャットによる会話から動画接客、購入までが可能になり、顧客は自宅にいながらスマートフォンなどで三越伊勢丹各店の店頭にある商品を購入できるというものです 03 。同社では、緊急事態宣言下の2020年4月にデジタル機能子会社のIMDLが企画を立案し、7月から9月にかけてアジャイル開発を進め、10月に内部向けにリリース、11月からお客さま向けに段階的にサービスを開始するというスピード感で対応しました。

　こうした対応を、対面接客や接触ができないから仕方なく始めたというケースも少なくないでしょう。しかし、一度非対面・非接触を体験した消費者のなかには、むしろオンラインのほうが便利だ、非対面のほうが快適だと感じる人も増えていくのではないでしょうか。また、日本の店舗に来ることができない海外の顧客や、国内の遠方の顧客とも、オンラインであれば接点を持つことができるため、市場を拡大できる可能性も広がります。さらに、時と場合に応じてオンラインとオフライン（リアルな店舗や対面による接客）を使い分けるハイブリッドな顧客体験も一般化していくと考えられます。今後も人々の生活様式や消費行動は、大きく変化していくことが予想され、非対面・非接触への対応は、ニューノーマルといわれるコロナ後の世界においても、場所にとらわれない「つながり」の持ち方として有力な選択肢となっていくでしょう。

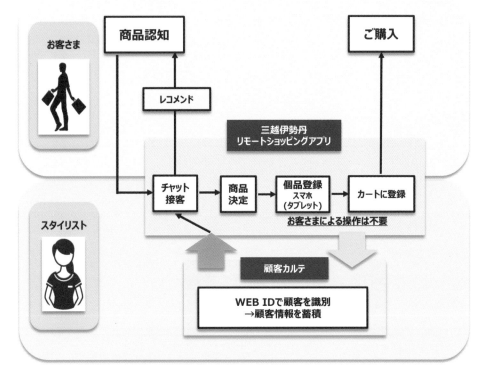

出典：三越伊勢丹ホールディングス　2020年11月25日付けプレスリリース
https://pdf.irpocket.com/C3099/mxGt/DYCO/h3pj.pdf

Section 8　コロナ禍によってさらに浮かび上がったDXの重要性

デジタルファーストで考える

まずはデジタルでできないかという発想

コロナ禍でほぼ在宅ワークとなり、大学の講義や政府・省庁関連の委員会などもオンラインで参加できるようになったのは嬉しいことです。ただ、講師や委員にはいくばくかの謝礼が支払われるのですが、そのための手続きがとてもアナログで辟易しています。電子メールで申請書のPDFファイルが送られてくるので、それを紙に印刷して、印鑑を押し、郵便で返送しなければなりません。

2020年9月に発足した菅義偉内閣は、国全体のデジタル化を看板政策とし、この動きを加速させるために、デジタル化の司令塔となるデジタル庁を2021年9月1日に発足させるとの基本的方向性を示しました。そこで最初に話題に上ったのが「脱はんこ」の議論です。脱はんこ自体は、DXというよりは、物理的な印鑑をデジタ

ル印鑑に置き換える「デジタイゼーション」に過ぎませんが、まずはこれができていなければ契約や承認プロセスを革新するための「デジタライゼーション」も進まないため、必要な第一歩といえます。

これからは、何事においても「デジタルファースト」で考えることが重要です。たとえば、人と連絡を取るとき、何かモノを買おうとするとき、会社で経費精算を申請するとき、顧客から支払いを受けるとき、顧客にサポートを提供するときなど、何かをしようとしたときに、まずはテクノロジーの活用やオンラインでの実現を考え、どうしてもできない事情があるときだけアナログの手段を使うということです。読者の皆さんの身の回りの生活や仕事のなかにも、デジタル化できることはまだまだたくさんあるのではないでしょうか。

個人・企業・社会のあらゆる行動

- ●人と連絡を取る
- ●何かモノを買う
- ●会社で経費精算を申請する
- ●顧客から支払いを受ける
- ●企業間の取引をする

→

デジタルファーストで考える

デジタル化できないか？
オンラインでできないか？
デジタル技術で実現できないか？
クラウドでできないか？
データ活用できないか？
自動化できないか？

Yes

**デジタルで
実現・実行**

No

アナログの手段
手作業
紙ベース

Part.
2

デジタルで何が変わるのか

DXの観点から注目すべき
デジタル技術とは

社会や産業に影響を及ぼすデジタル技術は次々と出現し、
急速な進化を遂げています。
とくにDXの観点から注目すべきデジタル技術とはどのようなものでしょうか。

● 急速な進化を遂げるさまざまなデジタル技術

社会や産業に影響を及ぼすデジタル技術は次々と出現し、急速な進化を遂げています。技術を導入することがDXの目的ではありませんが、今後デジタルへの対応が前提となる中、重要なデジタル技術の動向や適用可能性を把握しておくことは大切です。このPartでは、とくに注目すべきいくつかのデジタル技術について詳しく説明していきますが、ここではそれ以外の代表的なデジタル技術について、簡単な説明を示しながら概観しておきます **01**。

クラウド

クラウドは「クラウド・コンピューティング」の略です。コンピュータの利用形態の1つで、インターネットなどのネットワークに接続されたコンピュータ（サーバ）が提供する機能やサービスを、利用者がネットワーク経由で手元のパソコンやスマートフォンで使う利用形態のことです。

モバイル

モバイルとは、「携帯できる」、「移動できる」という意味で、スマートフォンやノートパソコンなどの持ち運べる情報機器をモバイルデバイス、それらを使った利用形態をモバイル・コンピューティングといいます。

ビッグデータ

一般的なデータ管理システムや処理ソフトウェアで扱うことが困難なほど巨大で複雑なデータの集合を表します。何ギガバイト以上、といったデータ容量の決まりがあるわけではありません。容量の大きさだけでなく、多様性（文字・数値だけでなく、画像やセンサーで取得する非構造データが含まれるなど）や取得頻度の高さなどもその特性です。

API

　APIは「アプリケーションプログラミングインタフェース」の略で、ソフトウェア同士が互いに情報をやり取りするのに使用するインタフェースの仕様のことです。これを外部に向けて公開することにより、複数のソフトウェア間でサービスを連携し合うことができます。

3D技術

　3Dは「3次元の」を意味し、物体構造などのモデリング、立体視などに用いられる技術です。3Dプリンターや3Dスキャナーなど機器によって実現するものや、3D映像や3Dモデリングなどソフトウェアによって疑似的に実現するものもあります。

01 社会のデジタル化を加速させるさまざまな技術

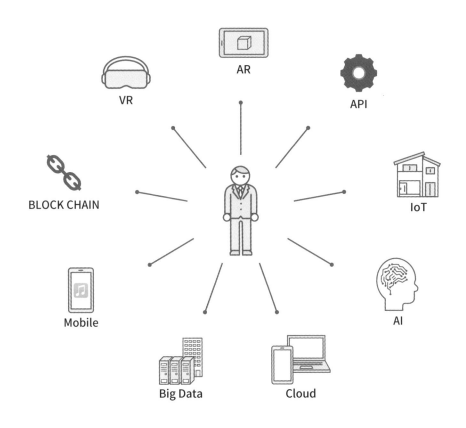

● これまでの IT とデジタル技術の違い

これまでの情報技術 (IT) や情報通信技術 (ICT) もコンピュータやネットワーク上で、デジタル化されたデータを取り扱いますので、どこまでが IT でどこからがデジタル技術かという明確な線引きがあるわけではなく、技術的な違いは基本的にはありません。それでは、これまでの IT とデジタル技術はどのような点が異なるのでしょうか。その重要な分岐点となったのがインターネットの出現です。テクノロジーの進化は基本的には連続的ですが、インターネットはある意味不連続なイノベーションであったと感じます。インターネットは、標準化された通信規格を用いて、さまざまな機器を互いに接続する地球規模の通信ネットワークです。1960 年代の終わりに米国の

大学や研究所などを通信回線で相互に結んだのが始まりで、1980 年代の終わりに商用利用が解禁され、1990 年代半ばに企業や家庭に急激に普及し、応用的な用途が爆発的に広がっていきました。Part.1 でデジタル化のもたらす 3 つの価値として、「データ」、「つながり」、「バーチャル」を挙げましたが、これらはいずれもインターネットの出現によって生み出された、あるいは増幅された価値といえます。デジタルネイティブ企業と呼ばれる Amazon (1994 年創業)、Netflix (1997 年)、Google (1998 年)、Uber (2009 年) などは、コアコンピタンス (中核となる強み) としてインターネット時代の技術を利用することにより、事業モデルや能力を築いている企業といえます 02 。

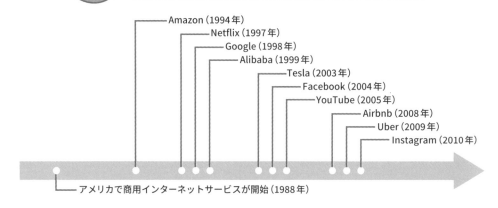

02 主なデジタルネイティブ企業

デジタルネイティブ企業

1995 年頃以降に設立された企業で、事業モデルそのもの、ビジネスの運営や意思決定のあらゆる場面で、デジタル技術やデジタル化された情報の活用を最優先に考え、行動する企業

- Amazon (1994 年)
- Netflix (1997 年)
- Google (1998 年)
- Alibaba (1999 年)
- Tesla (2003 年)
- Facebook (2004 年)
- YouTube (2005 年)
- Airbnb (2008 年)
- Uber (2009 年)
- Instagram (2010 年)

アメリカで商用インターネットサービスが開始 (1988 年)

Part. 2

● 身近な生活にまで浸透するデジタル技術

これまでのITとデジタル技術のもう1つの重要な違いは、私たちの身近な生活の空間である物理的な世界への浸透の度合いです。ITもデジタル技術も、何らかのインプットを受けて、何がしかの処理をして、アウトプットを行うという点は同じです。しかし、その際の接点や対象となる範囲が異なります。

従来のITは、基本的にパソコンやサーバなどのコンピュータという特殊な箱の中で処理され、主に企業の業務やビジネス、自治体などのサービスなどの分野で活用されてきました。人とITの接点、すなわちインタフェースは、端末画面やキーボードや印刷帳票しかありませんでした。そのため、用途も給与計算や受発注、電子メールのやり取りといった業務処理に限られていました。

一方、デジタル技術がデータをやり取りする対象は、コンピュータだけでなく、エアコンや自動車やドローンのようなコンピュータの箱の外にあるものです。デジタル技術はコンピュータが扱える領域を、物理的な世界に広げているということです。センサーや監視カメラなどの物理的な世界のインプットを受けて、何がしかの処理をして、自動運転や遠隔操作などにより物理的な世界にアウトプットをフィードバックします 03 。それによって、私たちの身近な生活のさまざまな場面に入り込んできたといえます。

03 物理的な世界に幅広く浸透するデジタル技術

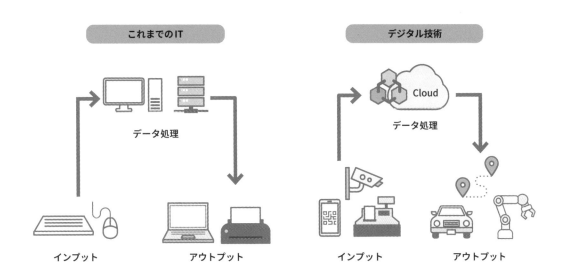

これまでのIT	デジタル技術
データ処理	Cloud データ処理
インプット　　アウトプット	インプット　　アウトプット

Section

2

AIの進化と浸透が
社会をどのように変えるのか

AIはデジタル技術の中で最も注目されている技術といえます。
しかし、AIがあれば何でもできるわけではありません。
では、AIによってどのようなことが可能となるのでしょうか。

● AIを構成するさまざまな技術

　AI（Artificial Intelligence：人工知能）とは、コンピュータ上などで人工的に人間と同様の知能を実現させようという試み、あるいはそのための一連の基礎技術を指します。AIは最近のものではなく、50年以上研究され続けています。日本では1980年代に、AIの開発を目標とした国家プロジェクト「第五世代コンピュータ」がブームとなりましたが、その起源は1956年に当時ダートマス大学のジョン・マッカーシー助教授が主催した、AIに関する世界初の国際会議（のちにダートマス会議と呼ばれる）まで遡ります。

01 AIはさまざまな技術によって構成される

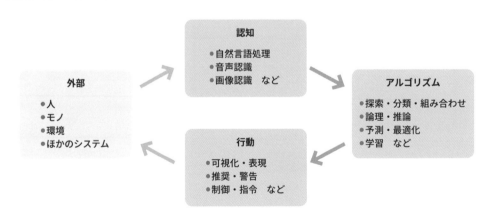

外部
- 人
- モノ
- 環境
- ほかのシステム

認知
- 自然言語処理
- 音声認識
- 画像認識　など

アルゴリズム
- 探索・分類・組み合わせ
- 論理・推論
- 予測・最適化
- 学習　など

行動
- 可視化・表現
- 推奨・警告
- 制御・指令　など

AIの実現には大きく2つのアプローチが存在しています。1つは、生物の脳の仕組みを模し、それを人工的に再現することで知能を実現しようとするもので、もう1つは、知的な行為を脳とは別の方法によって実現しようとするものです。

AIを構成する要素を見ていきましょう。文章、会話、心拍数、写真画像、カメラ映像、機械の稼働状況、温度・湿度といった情報は、人間の目や耳のように外部からインプットされます。文字や数値データはそのままインプットされますが、会話や写真画像は、音声認識、自然言語処理、画像認識などの技術によってデジタルに変換されて認知されます。そのデータが人間

の頭脳に相当するアルゴリズムに引き渡され、検索、計算、統計などの手続きによって分類、予測、最適化という処理結果を導き出します。その結果によって人間では手や足の行動が促されるように、可視化、推奨、制御といった形で、人やモノやほかのシステムにアウトプットを返します 01 。たとえば、AIスピーカーであれば、人が発する「80年代の曲をかけて」などという声を、音声認識によって文字データに変換し、検索というアルゴリズムで曲名をリストアップし、音楽プレイヤーに再生の指令を出すような行動を促す、という具合に処理されます。

●AIにはいくつかのレベルがある

AIには、いくつかの実現レベルがあり、ここでは、4つのレベルに分けて説明します 02 。

レベル1は、厳密にはAIと呼べないものの、AI搭載と紹介されている家電製品などが含まれています。単純な制御アルゴリズムを持ったプログラムが組み込まれており、室内温度や日射量の変化に応じて自動で温度・湿度を調整するエアコンなどのように、プログラムに組み込まれた限定的な動作を行うものです。

レベル2は、人間が持っている知識を事前にプログラムに取り込むことで、それに応じた多彩な動作を行えるものです。掃除ロボットや簡単な質問に答えるボット（チャットボット）などが該当します。ただし、学習することはできないため、事前にプログラムで入力されたアルゴリズムによって動作が決定されます。

レベル3になると、機械が学習することで対応する動作を増やしていくことができます。主に機械学習の技術を用いており、大量のデータを与えることでルールとパターンを学習していきます。ただし、データは人間が準備して与えなくてはなりません。例としては検索エンジンがあります。インターネット上の大量のテキストデータを学習し、最適と思われる検索結果を上位に表示させています。

レベル4のAIは、学習に必要なルールとパターンもデータとして自ら学習をくり返していくことで、より多くの対応パターンを持つことができるものです。深層学習（ディープラーニング）を用いたものが多く、たとえば、猫の特徴や犬の特徴など、動物ごとの特徴を人間が教え込まなくても、動物の画像を大量に学習させれば、コンピュータが特徴を抽出して区別できるようになります。

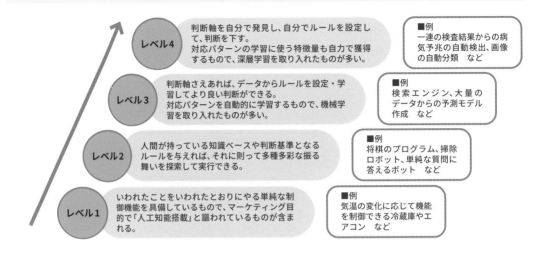

レベル4 判断軸を自分で発見し、自分でルールを設定して、判断を下す。対応パターンの学習に使う特徴量も自力で獲得するもので、深層学習を取り入れたものが多い。

■例
一連の検査結果からの病気予兆の自動検出、画像の自動分類　など

レベル3 判断軸さえあれば、データからルールを設定・学習してより良い判断ができる。対応パターンを自動的に学習するもので、機械学習を取り入れたものが多い。

■例
検索エンジン、大量のデータからの予測モデル作成　など

レベル2 人間が持っている知識ベースや判断基準となるルールを与えれば、それに則って多種多彩な振る舞いを探索して実行できる。

■例
将棋のプログラム、掃除ロボット、単純な質問に答えるボット　など

レベル1 いわれたことをいわれたとおりにやる単純な制御機能を具備しているもので、マーケティング目的で「人工知能搭載」と謳われているものが含まれる。

■例
気温の変化に応じて機能を制御できる冷蔵庫やエアコン　など

● 業種を問わず多方面で活用される AI

　AIは、非常に汎用性の高い技術であり、数々の実証実験が行われたり、多方面で実運用が始まったりしています 03 。画像認識技術を活用した検品や品質検査への適用は、製造業を中心として多数試みられています。また、銀行、証券、保険などの金融分野では、不正検知、株価や為替の予測、与信などで活用されています。不動産業、小売業、飲食業などでは、価格査定や料金設定、需要予測、商品推奨・マッチングなどでAIが活躍しています。

　出光興産では、製油所の高経年化への対応、ベテラン社員の引退による製油所保全のノウハウの継承という課題に対し、ビッグデータ解析による配管腐食の早期検知や、より高精度な腐食評価の実現などを目的とした実証実験を実施しました。配管画像・動画を自社の腐食評価基準に照らして、ピクセル単位で評価するモデルを、深層学習を用いて実装しています。裸配管・保温材配管を対象に配管画像を学習することで解析モデルを構築しており、自社基準で80%以上の高い解析精度を達成したことから、実務レベルの有用性を確認できたとしています。

　国立がん研究センターなどの共同研究チームでは、深層学習を用いたAIによって、少数の正解データから早期胃がんを高精度で自動検出する方法を確立したことを発表しました。さらにデータ拡張技術を利用して画像を増やしたところ、陽性的中率が93.4%、陰性的中率は83.6%と高い的中率で検出したということです。これにより、検診における胃がんの見逃しを減らし、早期発見、早期治療につなげることが期待されています。

Part. 2

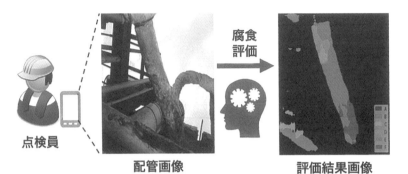

配管における腐食の進行度合いを深層学習で評価
出典：出光興産　2019年4月25日付けプレスリリース
https://www.idemitsu.com/jp/news/2019/190425.html

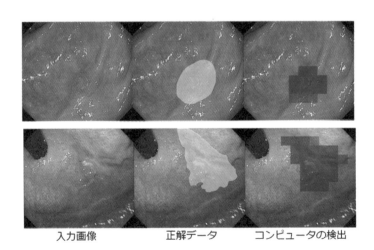

深層学習による早期胃がん領域の高精度検出
出典：国立がん研究センター　2018年7月20日付けプレスリリース
https://www.ncc.go.jp/jp/information/pr_release/2018/0721/index.html

Section 2　AIの進化と浸透が社会をどのように変えるのか

3 IoTですべてがネットに つながることの意義

「モノのインターネット」と説明されるIoTですが、
それはどのようなものなのでしょうか。
また、それによってどのようなことができるようになるのでしょうか。

●IoTとはどのようなものなのか

　IoT (Internet of Things) は「モノのインターネット」とも呼ばれています。さまざまな機器や設備を含むモノが、インターネットなどのネットワークを通じてサーバやクラウドに接続されて相互に情報交換

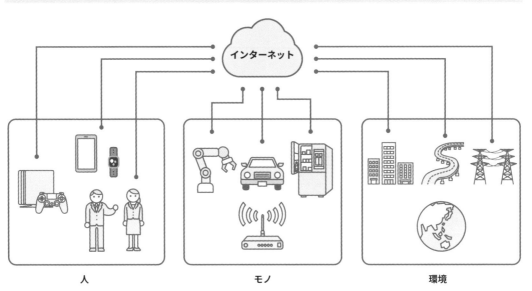

01 あらゆるモノがインターネットにつながる

人　　　　　　　　　モノ　　　　　　　　　環境

Part. 2

をする仕組みです。IoTは、特定の技術や製品を指すのではなく、あらゆるモノがインターネットに接続されることによって実現される世界と、それを実現する仕組みを示す概念を指した言葉です。元来、インターネットに接続されるデバイスはコンピュータや通信機器に限られていました。しかし、1990年代に携帯電話（フィーチャーフォン）がインターネットにつながるようになったことに加えて、小型化されたセンサーや携帯通信モジュールを搭載したさまざまな機器や装置がインターネットにつながるように

なりました。現在では、テレビ、家庭用ゲーム機、冷蔵庫やエアコンなどの家電製品や、自動車、自動販売機、産業用機器、医療機器、ダムや道路などの社会インフラとなる設備といった、あらゆるものが接続の対象となっています **01**。P.61で述べた、デジタル技術がコンピュータが扱える領域を物理的な世界に広げ、私たちの身近な生活のさまざまな場面に入り込む、ということに最も大きく貢献しているものこそ、IoTといえます。

●IoTが実現する3つの段階の価値

IoTの活用には、3つのステップがあります **02**。

1つ目は、「監視・可視化」であり、モノの所在場所・移動、稼働・利用状況、正常か異常かの情報などがわかります。この段階では、通信はモノからインターネットへの一方通行でかまいません。

次のステップは、「制御・自動化」であり、モノを無人で運転したり稼働させたりする、良い状態を保持する、異常があれば修復する、といったことができるようになります。この場合、モノとインターネットの間には双方向の通信が必要となります。それによって、地理的制約や物理的限界を取り払い、圧倒的なコスト削減や、手間を取られていた作業の大幅な排除を実現します。製品の機能や性能をソフトウェアで制御できるため、遠隔地から無人で保守することも可能です。また、自動車、家電、生産機械などの製造においては、複数のモデルを生産することなく顧客に選択肢を提供できるようになるでしょう。購入後にソフトウェアの更新を行うことで、1回の充電

あたりの走行可能距離を拡張できる電気自動車なども開発されています。

そして3つ目は、「最適化・自律化」であり、自律的に判断して行動する、最適な状態に自律改善する、事前に予知してアドバイスする、といったことを可能にします。双方向の通信に加えて、データの蓄積や分析が必要となります。IoTの価値は、あらゆるモノがインターネットにつながることで物理的な具象や現象をデジタルデータ化して捕捉することができ、さらにそうして得たデータを分析するなどして人やモノにフィードバックできることにあります。収集されたデータを分析することで、故障の予兆検知、省エネルギーやリサイクルのために活用することもできます。車載機器から運転状況のデータを収集して自動車保険料算定に活用したり、GPS（全地球測位システム）のデータからタクシーを配車したりするといった、新たなビジネスモデルを創出した事例もあります。

067

監視・可視化		制御・自動化		最適化・自律化
●所在場所・移動がわかる ●稼働・利用状況がわかる ●正常か異常かがわかる	▶	●無人で稼働する ●良い状態を保持する ●異常があれば修復する	▶	●自律的に判断して行動する ●最適な状態に自律改善する ●事前に予知してアドバイスする

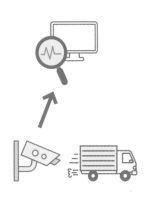

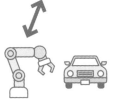
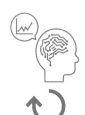

● さまざまな業種・社会で活用されるIoT

IoTは、エアコンや照明器具のような生活に密着した家電製品のほか、製造業の生産現場、建設業の土木・建築現場、運輸業の物流現場、電力・ガスを含む公共サービスなど幅広い産業で活用されています。また、昨今では農業や水産業などの第一次産業での活用も活発化しています **03**。

千葉市では、デジタル技術を活用して農業における生産性向上や栽培技術支援を通してスマート農業を推進していますが、その一環として、ソフトバンクグループのPSソリューションズが提供する農業IoTソリューション「e-kakashi」を採用しています。田畑などから、温湿度や日射量、土壌内の温度や水分量、

CO2や電気伝導度をはじめとする環境情報や生育情報を収集・分析し、生育ステージごとに重要な生長要因や阻害要因を特定するという取り組みです。また、植物科学の知見を組み込んだAIが病害虫のリスクや作業適期を予測することで、計画的な作業を可能にすることを目指しています。

徳島県海部郡海陽町と宍喰（ししくい）漁業協同組合では、徳島大学やKDDIと共同で、IoTを活用した漁業の安定化と効率化を目指した「あまべ牡蠣スマート養殖事業」を行っています。養殖場に浮かべたIoTセンサー機器で、水温、カゴの揺れ、濁度の情報を収集してクラウド上へ蓄積し、そのデータを分析する

ことで、効率の良いカキ生育ノウハウを確立し、カキ養殖の安定化と効率化を目指すという取り組みです。カキを養殖する際、カゴが波の影響で適度に揺れることが生育に影響を与えることがわかっており、定期的に人の手で、環境に合わせてカゴの浮力を変えることで揺れ具合を調整しています。データはグラフ化され、いつでもパソコンやスマートデバイスで確認できるため、全漁業者が共通した基準でカゴの浮力を判断することができるということです。

今後、道路や橋梁などの社会インフラの老朽化や、交通安全の確保や渋滞の解消、僻地医療や高齢者見守り、食料自給率の向上といった社会的課題の解決においてもIoTは重要な役割を果たしていくと考えられます。

スマートウォッチなどのウェアラブルデバイスをインターネットに接続することによって、人の行動や生体に関するデータを活用する動きも見られます。

たとえば、店内カメラやセンサーなどによって顧客の動線を捕捉することも可能となっており、そのデータから、適切な商品陳列や、デジタルサイネージなどを活用したタイムリーなプロモーションを行うこともできます。体操競技やゴルフなどのスポーツでは、身体の動きを分析し、より良いフォームやトレーニング方法をアドバイスするような事例も見られます。

生体データは、今後ヘルスケアや医療分野で重要性を増していくと考えられます。歩数、脈拍、心拍数、体温などの生体情報を活用した健康増進アプリや生命保険商品などが開発されています。

03 農業や水産業でも活用されるIoT

農業IoTソリューション「e-kakashi」
出典：PSソリューションズ　2018年10月18日付けプレスリリース
https://www.pssol.co.jp/news/20181018/

あまべ牡蠣スマート養殖事業
出典：KDDI　2020年3月30日付けプレスリリース
https://news.kddi.com/kddi/corporate/newsrelease/2020/03/30/4349.html

ブロックチェーンと
その活用用途

ブロックチェーンは、当初仮想通貨の取引台帳として用いられたことから、
用途が限定的に捉えられがちですが、
さまざまな分野で活用される可能性があります。

● そもそもブロックチェーンとは何か

ブロックチェーンとは、ネットワークに接続した
複数のコンピュータによりデータを共有することで、
高いデータの耐改ざん性・透明性を実現する仕組み
です **01**。一定期間の取引データをブロック単位に

01 ブロックチェーンの仕組み

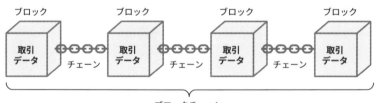

ブロック　　　　　ブロック　　　　　ブロック　　　　　ブロック

取引データ　チェーン　取引データ　チェーン　取引データ　チェーン　取引データ

ブロックチェーン

これまでの取引

中央機関
取引記録
取引記録
取引記録
取引記録
取引記録

中央機関が取引記録を管理し、信頼を担保する

ブロックチェーンによる取引

取引記録　取引記録
取引記録　取引記録
取引記録　取引記録

すべての取引記録をみんなが分散共有して管理し、信頼を担保する

まとめ、コンピュータ同士で検証し合いながら正しい記録をチェーン（鎖）のようにつないで蓄積する仕組みであることから、ブロックチェーンと呼ばれています。「分散型台帳」と呼ばれることもあり、中央管理者を置くことなく、分散的に運用・管理されており、取引を記録するためのデータベースと捉えることもできます。

　ブロックチェーンは、もともとは暗号通貨であるビットコインの公開取引台帳としての役割を果たすために考案された技術です。ブロックチェーンを使うビットコインは、信頼できる政府や中央銀行のような機関も、信頼性の高い大型のサーバも必要としません。そして、分散して取引データを管理することで、使用済みのデジタル通貨が再使用されてしまうという「二重取引問題」を解決したことで、最初のデジタル通貨となったといわれています。そのため当初は、ブロックチェーンは仮想通貨の決済手段を提供するためだけの技術と捉えられていました。

● イーサリアムの登場で広がったブロックチェーンの用途

　ブロックチェーンがビットコインの台帳として発明されてから5年後に構想が示された仮想通貨のイーサリアムが、ブロックチェーンに新たな展開をもたらしました。イーサリアムには、「スマートコントラクト」が実行できるという特徴があります。それまでの初期のブロックチェーンは、取引された結果を順次記録していくものでしたが、イーサリアムでは合意した約束事を将来に確実に実行することをプログラムとして組み込むことができます。この考え方はスマートコントラクトと呼ばれ、仲裁機関のような第三者を介さずに、信用が担保された契約が締結・履行される仕組みが実装されています 02 。

　イーサリアムのもう1つの特徴は、通貨だけでなくアプリケーションも作れるということです。スマートコントラクトが実現されているのは、取引完了や期限などのイベントが発生したら、契約を履行して、それに対する決済を行うというプログラムが、ブロックチェーン上に実装されているからです。イーサリアムでは、プログラムそのものとその実行結果を、ブロックチェーンに記録することができるようになっています。したがって、ビットコインが通貨の帳簿であるのに対して、イーサリアムはプログラムの帳簿というべきものです。イーサリアムの登場によって、ブロックチェーンはさまざまなアプリケーション・プログラムを管理者不要で実装できるプラットフォームになったということです。

　それによってブロックチェーンの適用分野は、仮想通貨だけではなく、あらゆる方面に一気に広がっていきました。たとえば、決済や送金、証券取引などを行う金融業界、ポイント管理などを行う小売業界、サプライチェーンやトレーサビリティなどに関わる物流業界や流通業界、電子カルテや処方せんの受付などを扱う医療業界、芸術作品の所有権や音楽著作権の管理などを行うエンターテインメント業界などです。不動産業界、商社、建設業界など、契約手続きが頻繁に行われる業界での活用も進んでいます。

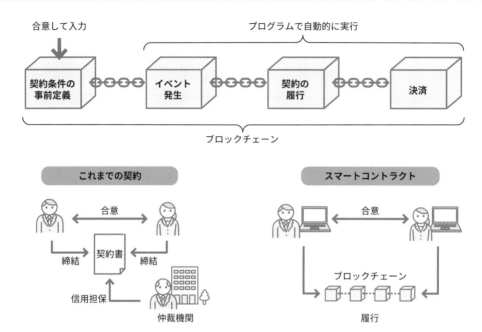

● さまざまな取引で活用が期待されるブロックチェーン

　ブロックチェーン上でさまざまなアプリケーション・プログラムが実装できるようになったことで、モノや通貨のやり取りだけでなく、権利や情報のやり取りなど、さまざまな分野で活用されるようになりました **03** 。

　関西電力では、電力売買価格の決定を含む電力直接取引にブロックチェーン技術を活用しています。その背景には、太陽光発電をはじめとした再生可能エネルギーの普及により、電力供給システムが、従来の電力会社を中心とした大規模集約型から転換されようとしていることがあります。今後、電力の消費者とプロシューマー（自身で発電した電気を消費

し、余剰分を売電する生産消費者）との間で、専用のプラットフォームを介し、電力が直接取引されるようになるといわれています。そして、太陽光発電設備が設置されたプロシューマー宅で発生した余剰電力の取引に、ブロックチェーン技術が活用されたわけです。その結果、電力の消費者とプロシューマーの希望価格などから取引価格を決め、ブロックチェーンを用いて模擬的に取引を行い、複数の電力消費者宅へ送電する仕組みが構築されました。このような取り組みは、エネルギーを効率的に活用する社会の実現に貢献することでしょう。

　また、不動産業界にデジタル技術で変革を起こし

ている不動産テック企業のGAテクノロジーズは、消費者（不動産の売主、買主、貸主、借主）が、オンライン上で「探す」、「交渉する」、「契約する」、「購入する」といった不動産取引をスマートかつ安全に実現できる不動産デジタルプラットフォームを構築しています。このプラットフォームでは、ブロックチェーンを基盤としたスマートコントラクトを実装することで、契約、決算・資産の移動、登記といった従来デジタル化が難しいとされてきた複雑な不動産業務を、安全に、そして低コストで遂行できるようにしています。また、仲介業務を担う不動産事業者に対してもこのプラットフォームをサービスとして提供することで、大幅な業務改善やコスト削減を実現し、不動産流通全体の活性化を図っています。

🔲 さまざまな業界で活用されるブロックチェーン

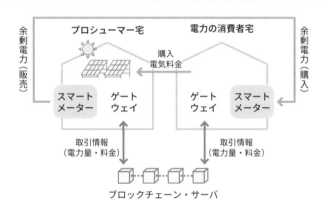

関西電力が実施した電力直接取引の実証研究
出典：関西電力　2019年12月9日付けプレスリリース別紙
https://www.kepco.co.jp/corporate/pr/2018/pdf/1015_1j_01.pdf

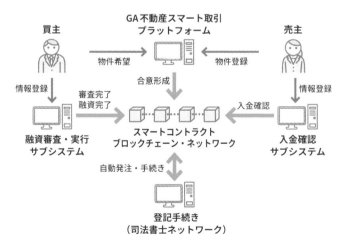

不動産取引でスマートコントラクトを実現するGAテクノロジーズ
出典：GAテクノロジーズ　2018年9月25日付けプレスリリース
https://www.ga-tech.co.jp/news/1375/

仮想現実や拡張現実でつながる
リアルとバーチャルの世界

私たちが暮らす物理的な地球上の世界のほかに、
インターネット上にバーチャルの世界が広がっています。
仮想現実／拡張現実とはどのようなもので、そこではどのような世界が展開されるのでしょうか。

● 仮想現実／拡張現実とはどのようなものか

　昨今、リアルタイム映像などの現実世界とコンピュータが作り出した仮想世界を重ね合わせたり、融合したりする技術として VR（Virtual Reality：仮想現実）、AR（Augmented Reality：拡張現実）などが注目されています **01** 。また、こうした技術を実現するための HMD（ヘッドマウントディスプレイ）、スマートグラス、ホロレンズなどのデバイスも多数発売されています。

01 仮想現実と拡張現実

仮想現実 (VR) とは、コンピュータ上で現実に似せた仮想世界を作り出し、あたかもそこにいるかのような感覚を体験できる技術

拡張現実 (AR) は、現実世界にデジタル情報を付与し、CG などで作った仮想現実を現実世界に反映 (拡張) していく技術

例
- 不動産の内見
- 手術前のシミュレーション
- 旅行・観光体験

例
- 工事現場の施工進捗確認
- 貨物の搭載方法の確認
- 家具の試し置き

これまでも、動画データが、プロモーション、操作マニュアル、顧客サポート、教育などで活用される場面が多方面で見られましたが、これらのすべての領域において、VR／ARの適用可能性があると考えられます。つまり、現実世界の動画や映像に、仮想世界を重ね合わせたり、融合させたりすることで、説明性と表現力がさらに高まり、よりリアルな体験を生み出すことができるようになるということです。

仮想的な空間を作ったり、現実の空間と仮想空間を融合させたりすることで、これまで実現できなかったさまざまな体験が提供できるようになります。これらの技術はエンターテインメントの分野だけでなく、交通、医療、製造や建設などの現場、小売業など幅広い分野で応用されることが期待されています。

● リアルの世界を拡張して表現するAR

ARの身近な適用例は、スマートフォンのカメラアプリ「SNOW」です。静止画だけでなく動画であっても、顔の位置を認識してバーチャルな髭や耳を重ね合わせて表示します。このようなエンターテインメント分野だけでなく、さまざまな産業分野でARの活用が進んでいます 02 。

コマツは、同社が推進するスマートコンストラクションの一環として、GoogleのARプラットフォーム「Tango」を用いたスマートフォンアプリを開発しました。施工中の地形に対して完成設計面の3Dモデルを配置して進捗をチェックできる機能、地形の形状をスキャンして掘削・盛土部分をARでチェックできる機能、実寸大の建設機械を現場にAR表示して確認できる機能などを搭載しています。

02 現実の世界に情報を付加するAR

施工完成イメージをARでシミュレーションできる大林組の「FutureShot」
出典：大林組　2017年3月24日付けプレスリリース
https://www.obayashi.co.jp/news/detail/news20170324_01.html

購入前の家具の設置状態をスマートフォンやタブレットで確認できるIKEAの「IKEA PLACE」
出典：IKEA　2020年3月19日付けプレスリリース
https://newsroom.inter.ikea.com/News/ikea-to-launch-new-ar-capabilities-for-ikea-place-on-new-ipad-pro/s/0856061d-d4b0-4dcd-a184-324aa838ac1b

大林組は、リニューアル工事の完成イメージなどをタブレット上で確認できる、AR技術を使ったアプリケーション「FutureShot」を開発しました。改修する部分や新設する部材の形、色、見栄えなどを顧客のイメージどおりに仕上げることで、顧客との合意形成を図り、満足度の向上につなげています。

家具量販店のIKEAは、Appleと共同でARアプリ「IKEA PLACE」を開発しました。購入前の家具をアプリ上のカタログから選択し、自分の部屋にその家具が置かれている映像をスマートフォンに映すことで、設置された状態を確認できます。

そのほかに、点検、保守・修復、特別な技能を要する作業の習得などの分野においても、ARによってスマートグラスに映し出された説明や作業ガイドを参照しながら行うなど、さまざまに活用されています。

● 仮想の世界を体験できるVR

VRは、コンピュータによって作られた仮想的な世界を、あたかも現実世界であるかのように体感できる技術です。VRコンテンツであるゲーム画像の中や、観光地の写真画像などを実際に歩いたりでき、顔の向きに合わせて360度、上下左右に、現在自分が存在する空間とは異なる仮想空間が現れるため、その世界に没入することができます **03** 。

VRコンテンツ制作会社のCreative Office Harukaは、日本各地の絶景、世界遺産など130カ所800シーン以上を、超高画質な360度パノラマVRで体験できる「Japan VRツアー」を公開しています。

不動産総合サイトのアットホームが提供する「VR内見プラン」では、不動産店の店頭にいながら物件を内見しているかのような体験ができます。

住宅設備メーカーのLIXILは、VR・ARなどの最新のデジタル技術を活用して顧客にバーチャル体験をしてもらうことで、理想の住まい探しをサポートしていくための施設「LIXIL Digital Studio GINZA」をオープンさせました。VR体験では、ヘッドマウントディスプレイを装着すると、最新のキッチンやバスルームのある空間が360度広がり、商品が設置された空間をよりリアルにイメージすることができ、従来のショールームではできなかった体験型の提案を実現しています。

VRでは、自分の分身として表示されるキャラクター「アバター」を使って人とのコミュニケーションを取るという方法も注目されています。ANAホールディングスでは、アバターを社会インフラ化して事業として立ち上げるavatarin（アバターイン）株式会社を2020年4月に設立しました。また、同社では、新型コロナウィルスへの対応として、遠隔コミュニケーションを必要としている医療施設などに、独自開発した普及型コミュニケーションアバター「newme」（ニューミー）を優先して提供するなどしています。こうした活動により、アバターのサービスを社会インフラとして、医療、介護、教育、ショッピング、鑑賞、観光などのさまざまな用途で展開していくとしています。ANAでは、整備士の危険予知能力向上のための訓練や、客室乗務員の機内での緊急事態を体感する訓練でも、VRを活用しています。

ヘッドマウントディスプレイを装着すると、最新のキッチンやバスルームのある空間が 360 度広がり、商品が設置された空間をよりリアルにイメージできる LIXIL の「バーチャル・ショールーム」
出典：LIXIL　2018年 10 月 17 日付けプレスリリース
https://newsrelease.lixil.co.jp/news/2018/090_showroom_1017_01.html

整備士の作業安全のための危険予知能力向上を目的とした訓練で、VRを活用して、実際に危険な行動をとったときに起こり得る事象を疑似的に体験できる、ANA の「ANA VR Safety Training System」
出典：ANA　2020年 2 月 26 日付けプレスリリース
https://www.anahd.co.jp/group/pr/202002/20200226.html

Section 6

最先端テクノロジーの活用は必須ではない？

これまでに注目すべきデジタル技術を紹介してきましたが、
DXにおいてこれらの先進技術を活用することは必須ではありません。
成熟した従来の技術を組み合わせてDXを推進することもできます。

● 先進テクノロジーにこだわる必要はない

　DXとは、AI、IoT、AR／VRなどの先進的な技術を活用することだと思われているかもしれませんが、それは間違いです。たとえば、民泊仲介のAirbnbのようなマッチングサービスでは、データベース、インターネット、検索プログラムといった従来から存在する成熟した基本技術を組み合わせてビジネスの仕組みが構築されています **01**。どのような課題を解決するのか、どのような価値を創出するのかが重要なのであって、最先端のテクノロジーを使うことは必須ではないということです。

　たとえば株式会社グローアップは、2008年の設立以来、飲食企業向けに人材紹介サービスを提供していますが、新型コロナウィルスの感染拡大による、接待を伴う会食等の自粛やインバウンド消費の減少の影響を受けて困窮する飲食業界に向けて、レンタル移籍サポート「ロンデル」というサービスをいち早く立ち上げました。事業縮小や撤退を余儀なくされる飲食企業も多く、このままでは従業員の雇用を維持

できず、やむを得ず従業員を解雇しなければならない事態が、さらに増えると考えられます。そこで同社は、サッカー選手のレンタル移籍のように、一緒に働き続けたい社員が復帰できるように1年から2年の期間を設け、社員に他業界の企業で働く機会を提供する仕組みでサポートしようと考えました。この新サービスのプロジェクトは、コロナウィルスの感染が拡大した2020年3月末にスタートし、わずか2週間後の4月14日にリリースされています。デジタルの時代には、このような俊敏さがビジネスの成否を左右します。ロンデルは、従業員をレンタル移籍に出したい飲食企業と、それを受け入れたいさまざまな業種の企業とをつなげる新しいマッチングサービスですが、先述のとおりデータベース、インターネット、検索プログラムといった従来から存在する成熟した基本技術を組み合わせることで、迅速に仕組みを構築することに成功したのです。

Part. 2

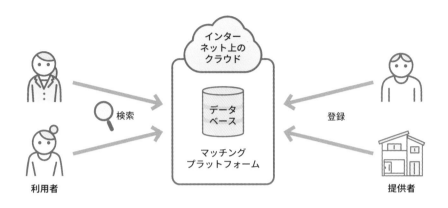

気軽に試せるテクノロジーで実現できる DX

デジタル技術の進展は、DXへの取り組みを安く手軽に始められるようにすることも後押ししています。以前であれば、製品やサービスを開発し市場に投入したり、業務を変革するための仕組みを構築したりするにあたっては、システム構築や技術の導入に何年もの時間がかかったり、何千万円、何億円という大きな投資を必要としたりしていました。しかし、今ではクラウドサービス上の仮想空間で試作品を作ったり、インターネットを介してテストマーケティングを行ったりするといったことが、非常に短い期間で、大きなコストをかけずにできるようになっています。最近では、データを分析する高度なソフトウェアやAI、それらを稼働させる高性能のサーバなどを高額な費用で購入するのではなく、それらと同等の機能や性能を持ったクラウドサービスを利用するという選択肢もあります。このようなサービスをサブスクリプションモデルで契約して、大きな初期投資を行わずに使いたい期間だけ利用することもできるようになっています。大きな初期投資を行っていないため、途中で止めることもできます。

また、DXで用いられる技術の中には、AIや拡張現実（AR）／仮想現実（VR）、ブロックチェーンなど、新規性が高い技術も多く含まれます。こうした先進的な分野では日進月歩の技術革新が起こっていますので、技術の採用や選択が難しかったり、実装や適用において不確実性やリスクを伴ったりすることも珍しくありません。こうした技術でもクラウドサービスを活用したり、試験的な導入による技術検証を行ったりすることで、技術の選択が間違っていた場合に、別の技術を試すことも容易にできるようになります。何度も失敗しながら、少しずつ良いものにしていくこともできるということです **02**。

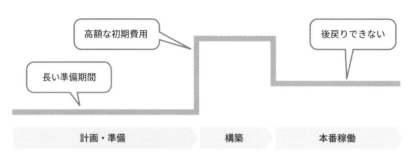

失敗した場合のリスクが大きいため、綿密な計画と、確実な遂行が求められる

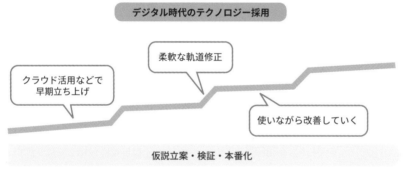

不確実な環境での初めての挑戦となるため、試行錯誤しながら進める

● 走りながら軌道修正し、ダメならすぐにやめる

　デジタルの世界では迅速にスタートすることも重要ですが、それと同様に、スタートしたあとに柔軟に軌道修正をかけたり、うまくいかない場合は早期に止める決断をしたりすることも重要です。不確実性の高いデジタルの世界では、すべてのプロジェクト が成功するとは限りません。リスクを取って新しいことにチャレンジするためには、失敗を許容することも重要であり、AmazonのCEOのジェフ・ベゾスは、「Amazonは世界一の失敗をする企業である」とも述べています。

Part. 2

DXの推進において有効な考え方として「リーンスタートアップ」と、その具体的な実現手法として「PoC」（Proof of Concept）を挙げておきましょう 03 。リーンスタートアップは、起業家であるエリック・リースが整理・体系化したビジネス開発手法であり、「リーン」（Lean）は「無駄がない」、「効率的な」という意味で、「スタートアップ」（Startup）は「起ち上げ」という意味です。つまり、新サービスや新規ビジネスを立ち上げ、成長させる過程における非合理性を徹底的に排除する方法を体系化したものといえます。コストをかけずに試作品や必要最小限の商品・サービスを作り、それをいち早くリリースし、顧客の反応を見て反映するというサイクルを短期間にくり返すことで、事業化の初期段階に見られがちな過剰な投資や大幅な手戻りといったムダを抑制するという考え方です。このサイクルにおいて、製品やサービスを評価し、アイデアやコンセプトの実効性を計測する際にPoCを実施します。PoCとは、コンセプト実証のことで、新たな概念やアイデアの実現可能性を示すために、簡単かつ不完全な実現化を行うことです。実装された仕組みを実際に利用してみて、顧客の視点で、その有効性、有益性、魅力度などを検証するのです。

03 リーンスタートアップと PoC

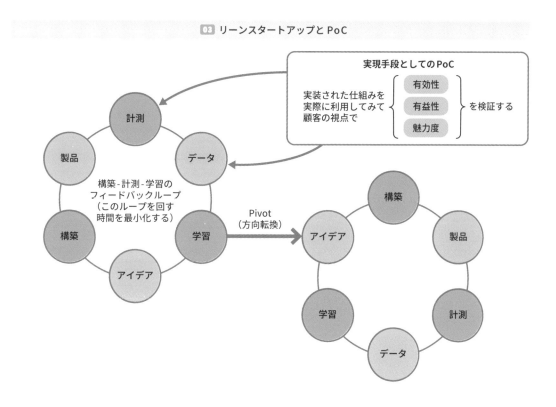

空飛ぶクルマ

いま30歳の人は
40代で乗れるかもしれない

　「空飛ぶクルマ」は一時代前は夢のような話でしたが、もはや夢ではなくなってきています。国土交通省と経済産業省は2018年11月、有識者や企業と両省の関係者で構成される「空の移動革命に向けた官民協議会」を開催し、「空飛ぶクルマ」の実用化に向けたロードマップの素案を提示しました。実証実験を2020年代前半に実施し、同年代に事業化も実現させるとしています。実用化は地方から進めていき、都市部での実用化は2030年代になる見込みで、今30歳の人は40代のうちに乗れるかもしれないということです。

　米国や中国ではすでに盛んに実証実験が行われていますし、ボーイング社は「空飛ぶタクシー」の、操縦士のいない自動運転による試験飛行に成功したと発表しています。中国企業のイーハンの機体「EHang216」は、2019年8月に行われた「2019 China-Northeast Asia Expo」で、乗客を載せたままデモ飛行を行ったとのことです。もはや自動車メーカーや航空機メーカーだけでなく、シリコンバレーのベンチャー企業など、多数が「空飛ぶクルマ」の開発に名乗りを上げています。日本においても、トヨタ自動車が、

垂直離着陸ができる「空飛ぶタクシー」を開発する米スタートアップのジョビー・アビエーションに、3億9,400万ドル（約430億円）を出資すると発表しています。また、トヨタ自動車の出身者が立ち上げたベンチャー企業SkyDriveでは、2020年8月に「有人試験機SD-03」を初披露し、公開有人飛行試験を実施しました。同社では、2023年度の「空飛ぶクルマ」の実用化を目指しています。

　「人間が想像できることは、人間が必ず実現できる」──これは、19世紀のフランス人小説家で「SFの父」と呼ばれたジュール・ヴェルヌの名言です。その言葉どおり、彼が空想によって100年以上も前に書いた『海底2万マイル』や『月世界旅行』などの世界は、すでに実現されています。デジタルテクノロジーによって、この言葉の正しさがまた目の前で証明されようとしているのです。

SkyDriveの有人試験機 SD-03
出典：SkyDrive　2020年8月28日付けプレスリリース
https://skydrive2020.com/archives/3506

Part.
3

取り組むべきDX実践施策とは

社内の業務プロセスにも
DXの余地がある

DXは、新規事業の立ち上げや
ビジネスモデルの変革だと思われがちですが、
社内の業務や働き方にも、DXの機会はたくさんあります。

● 業務の量と質を向上させる

　企業の業務には、新しい製品やサービス、ビジネスモデル、顧客体験、需要を生み出すような「付加価値業務」と、その価値を確実に生産したり、届けたり、それらを管理したりする「オペレーション業務」があります。まずは、オペレーション業務に費やす時間を低減し、付加価値業務の時間比率を高める必要があります。

　現在、多くの企業において、全業務量のうちの大半がオペレーション業務に費やされています。しかしデジタル化の時代には、オペレーション業務のほとんどすべてが、画像認識などを含むAI、ソフトウェア・ロボット（RPA：ロボティックプロセスオートメーション）などによって代替できるようになります。手書きや紙ベースの書類、手作業、目視、対面など、物理的な業務をデジタル技術によって置き換え、自動化や省力化を実現します。また、反復的・物理的な作業や、事前に手順をプログラム化できる仕事だけでなく、経験を要する仕事や、複数の要素を組み合わせて判断しなければならないような、現場における日常の意思決定業務も、その対象となります。

　次のステップでは、業務量の配分を変えるだけでなく、オペレーション業務と付加価値業務の両方において、業務の質を高め、同じ業務量で生み出すアウトプットを増大させることが求められます。

　オペレーション業務は、処理や作業がスピードアップするだけでなく、データがデジタル化により可視化されることで、ミスが減り、業務や意思決定の精度や品質が上がります。そして、付加価値業務の質も高めていかなければなりません。創造的な活動を促進するためには、アイデアが生まれやすい、協調的な作業を行いやすい、データや情報を高度に分析・活用できる、といった環境を整えることが求められます。そのためには、情報や知識の探索や再利用を簡便に行えるツール、社内外の関与者が簡便にアクセスできる情報共有やコラボレーションの環境、データを高度に分析できる基盤などを整備することが求

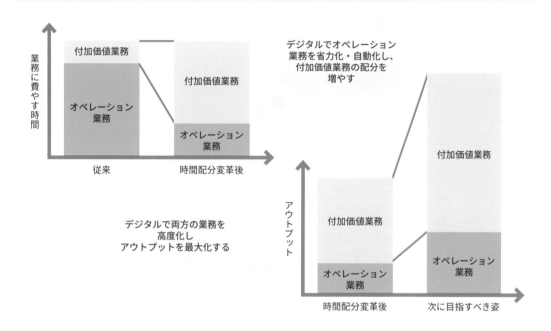

められます。オペレーション業務と付加価値業務の両方において、デジタル技術を駆使することを前提に、業務そのもののあり方を抜本的に見直し、再設計することが重要です 🔳 。

◉ さまざまな業務に適用される RPA や AI

　RPAやAIは、さまざまな業務に適用されて、成果を上げています 🔳 。

　低温物流サービスを手がけるニチレイロジグループは、年間18万時間の業務のRPA化を達成したことを発表しました。業務革新施策の一環として事務作業にRPAを導入することで、物流センター勤務の従業員の年間総労働時間の約6%を削減したとのことです。RPA化の推進にあたっては、IT部門ではなく全国の物流センターをはじめとする事業所の従業員がシナリオの作成を行い、自ら業務を変革していく点が特徴で、そのために研修プログラムや教育コンテンツの制作も自社で行っています。

　医療法人社団高輪会では、毎月6万件以上のカルテデータをレセプトコンピュータ（請求システム）に入力しており、これに多くの時間を費やしていました。これをRPAにより完全自動化することで、年間2,260時間を削減することができたとしています。

オンラインを活用し、業務の棚卸しや基本シナリオの作成などを全国の現場スタッフが学ぶことができる、ニチレイロジグループのRPA研修
出典：ニチレイロジグループ　2021年3月12日付けプレスリリース
https://nichirei-logi.co.jp/news/2020/20210312.html

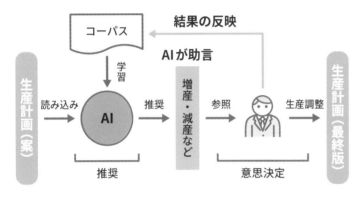

アサヒ飲料では、2週間程度先の生産計画に対して、AIが生産調整の助言を行う
出典：アサヒ飲料「人工知能（AI）を活用した適正在庫管理」
https://www.asahigroup-holdings.com/csr/environment/foodwaste.html

アサヒ飲料は、生産計画と在庫管理の最適化を目指してAIを活用しています。2週間程度先の生産計画に対して、過去の業務文書や在庫実績、出荷数量等の膨大なシステムデータを基に独自のコーパス（生産調整に関する過去の膨大なデータを基に担当者が意思決定した記録）を作成し、AIに学習させることで、最適な生産調整への助言を行います。実証実験では、人による判断に比べて精度が向上することが確認できており、長期在庫品の低減などによるコスト削減が見込めるとしています。

● テレワークだけが働き方改革ではない

新型コロナウィルス感染症の拡大によって在宅勤務や出社制限が推奨されたことを受けて、多くの企業がテレワーク環境の整備を進めたことは、DXの推進において追い風となった部分はあると考えられます。しかし、ここで注意しなければならない点があります。それは、一部の企業経営者が「DX＝テレワークの推進」と思い込んでしまったことです。テレワークは確かにデジタル化への取り組みではありますが、それはDXの全体像のごく一部の要素に過ぎません。

Part.3

これまでも多くの企業がペーパーレス化、テレビ会議の導入、フリーアドレスの実施、電話のIP化、コミュニケーション活性化のためのグループウェアや社内SNSの展開など、働き方やその環境を見直すプロジェクトを推進してきました。しかし、それだけで本当に働き方が変わったのでしょうか。

一般に、「将来の働き方」というと、人事部門が主導する在宅勤務やフレックスタイムなどの就労形態に関わる制度面の取り組みや、IT部門が推進するモバイルワークやリモート会議などのワークスタイル革新に関する取り組みが想起されがちです。しかし、働き方について掘り下げていくと、労働と報酬の関係、「雇用」という概念、「会社」という枠組みといった、より根源的な議論に立ち返らなければならない場面にぶつかります。再考すべき点は多岐にわたり、労働と報酬の関係、働く場所、組織のあり方、意思疎通や合意形成のあり方、指揮命令および報告の方法、意思決定の方法など、多層構造になっています。

何のために会議をするのか、伝達手段は電話や電子メールが最適なのか、報酬は労働時間に対して支払われるべきか、上司と部下という関係は本当に必要なのかといった、これまでの常識に疑問を持つような発想が求められます。このような多層構造のすべての層を変革していくのが、DXにおける働き方改革の本質です 03 。

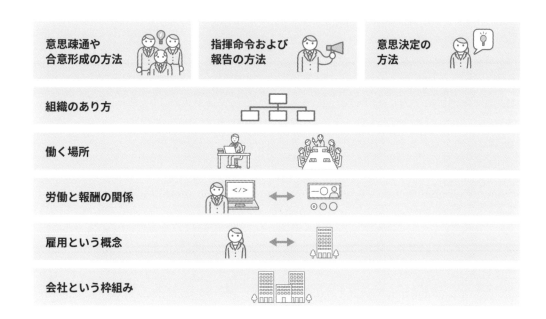

03 多層にわたる働き方の変革

意思疎通や
合意形成の方法

指揮命令および
報告の方法

意思決定の
方法

組織のあり方

働く場所

労働と報酬の関係

雇用という概念

会社という枠組み

087

人材の採用や育成にも
デジタルを駆使する

今後、少子高齢化が進行し、労働力不足が深刻化することが懸念されており、
人材の採用や育成は企業にとって重要な課題となっていきます。そうした背景から、
教育・研修や面接などにおいて、オンライン、動画、ＡＩなどの活用が進んでいます。

◉ デジタルで人材育成や採用活動も変わる

　少子高齢化が進行する中、労働力の不足は、今後深刻な社会問題となっていきます。人材の採用や育成は、人と人とのコミュニケーションが重視される分野であり、これまでITの活用があまり進んでいませんでした。教育・研修においては、eラーニングが普及していますが、一般的な教育コンテンツを画一的に提供するにとどまっているものが多く、一人ひとりの習熟度や業務特性に合致した人材育成のニーズには十分に応えられていませんでした。また、ベテラン社員の高齢化などにより、技術や技能を伝える人が減少していたり、伝え方にバラツキが生じたりするなど、教育や研修を受ける側だけの問題ではなく、教育を施す側の問題も横たわっています。

　こうした問題への対処の1つとして、現場での直接的な口頭・目視による説明や、文章や図・写真を用いた業務マニュアルなどのドキュメントに代わって、動画や映像を活用する動きが活発化しています。説明を要する複雑な情報を伝達する際に、動画は直感

的で非常に表現力に優れているため、技能研修や現場教育などさまざまな分野で利用されています。また、オンラインによる遠隔教育や、熟練者の作業手順を教えるといった技術継承にも活用されています。海外工場において、作業マニュアルを映像化してタブレット端末で指導するといった活用によって、視覚に訴える直感的な習熟が可能となったことで、業務効率と作業品質の向上を果たしたという事例もあります。また、副次的な効果として翻訳作業が不要となったことも報告されています。さらに3D技術やAR（拡張現実）などを活用した体感型学習も広がってきています。

　コロナ禍の影響によって、採用活動においてもオンライン面接などが一般化しました。また、AI面接やAIを活用したコンピテンシー検査などの適性診断なども実用化されています。面接官の経験や直感に頼ることなく、評価者による評価のバラツキを抑制するという点でも効果が期待されています 01 。

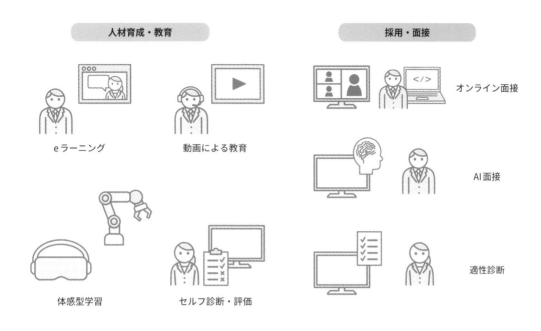

● 人材育成や技術継承における動画やARの活用

　熟練技能者が高齢化する中、ベテラン社員から後継者への技術継承が問題となっています。とくに困難なのは、製造現場や建設現場などの物理的作業を伴う複雑な手順の習得です。こうした技術を習得するには、ベテラン社員の実際の作業を何度も間近で見たり、身振り手振りで教えられたり、口頭で注意を受けたりしながら、くり返し訓練するといったことが必要でした。そのため、伝えることができる人がそもそも少ない中、同時に学べる人数、要する時間や地理的な場所などの制限が問題となっていたのです。

　これらの問題を解決するため、動画やARが活用されてきています 02 。

　産業向けの電気機器製造を手がける明電舎は、現場の実経験が求められる各事業分野の円滑な技術伝承と若手の早期戦力化を目的に、技術研修センター「Manabi-ya」（学び舎）を開設しました。同施設では、機器の3Dモデルで学習を行うAR教育や、3軸シミュレータでのVR安全体感教育が用意されており、デジタル技術を駆使した体験型教育を展開することで技術力向上を図っています。

建設業の淺沼組は、3DモデルやVRを用いた体験型現場教育システムを独自に開発しました。入社1〜2年目の社員を対象に、さまざまな種類、用途の建物の施工工程を通して、品質管理や安全管理の基本をより現実に近い形で教育するというものです。

02 3D技術やARを現場教育に活用

ICTやAR／VRを活用した体感型教育を実践する明電舎の技術研修センター「Manabi-ya」(学び舎)。機器の3Dモデルで学習を行うAR教育や、3軸シミュレータでのVR安全体感教育が実施される
出典：明電舎　2020年10月5日付けプレスリリース
https://www.meidensha.co.jp/news/news_03/news_03_01/1234805_2469.html

S造　バーチャル現場

RC造　バーチャル現場

跨線橋橋脚　バーチャル現場

詳細施工手順の確認

淺沼組の3D技術やVRを用いた体験型現場教育。3D技術の応用やVRによる疑似体験により、従来の口頭や資料だけの研修から、ビジュアルな体験型研修への転換を実現した
出典：淺沼組　2020年2月20日付けプレスリリース
https://www.asanuma.co.jp/news/index_news_pdf/20200220pressA.pdf

●AI面接官による採用が現実に

牛丼チェーンの松屋フーズの店長昇格試験では、年2回店長候補者を選出し、東京や大阪に招集して試験を実施してきました。そのため、面接試験においては、会場ごとや面接官ごとの評価のばらつき、試験受験のための移動時間、面接に携わる関係者の拘束時間などが課題となっていました。そこで、試験をすべてオンライン化したことによって、全国どこからでも都合の良い時間に面接ができるようになったことに加えて、AIによる客観的な評価によって恣意性を排除した的確なフィードバックが行えるようになり、人材育成の面でもより質の高いサポートが可能となったとしています。

同じく牛丼チェーンの吉野家では、アルバイトの採用にAI面接を活用しています。吉野家の採用センター内の業務効率化が見込めるだけでなく、店舗運営における店長の日程調整に要する手間や時間を軽減することができるため、応募から初日勤務までの期間を短縮し、スピーディーな選考を実施できるとしています。

ソフトバンクは、以前からエントリーシートの選考をAIで自動化する、学生からの問い合わせにチャットボットを活用するといった、人事部門の業務効率化のためのテクノロジー活用を積極的に進めてきていましたが、2020年5月末から新卒採用選考における動画面接に、AIシステムを導入しました。これは、事前に設定された質問に対する回答を応募者に動画で提出してもらい、その動画データを独自に開発したAI動画解析システムで分析し、評価を自動算出するものです **03** 。AIシステムでは、ベテランの採用担当者による評価を動画解析モデルに学習させており、過去の合格者に近いと判断した動画を合格の対象として選出しているとのことです。ただし、すべてをAIが判定するわけではなく、不合格の判定が出た場合は、人事担当者が実際に動画を確認して、面接の合否を最終判断することで選考の正確性を担保しているということです。

03 AI動画解析による面接の評価

ソフトバンクが開発したAI動画解析システムによる面接。応募者に事前に設定された質問に対する回答を動画で提出してもらい、その動画データを独自に開発したAI動画解析システムで評価を自動算出する
出典：ソフトバンクニュース　2020年7月31日付け記事
https://www.softbank.jp/sbnews/entry/20200731_01

3 現場業務をデジタルで
高度化する

多くの業界では、工場、建設現場、店舗などの現場での業務を抱えています。
こうした現場業務の効率化や迅速化はビジネスに直結するため、
デジタル化への期待も大きい分野といえます。

◉ ビジネスの最前線でのデジタル活用

インターネット業界などの一部の業界を除き、ほとんどの業界が何らかの物理的な現場業務を抱えています。製造業の場合は工場や倉庫で、小売業では店舗で、運輸業や建設業では屋外で、それぞれ業務が存在します。こうした現場は、人手による作業が多い、地理的制約がある、パソコンなどのITツールが持ち込みにくいといった理由から、デジタル化が行き届いていない傾向にありました。しかし、スマートフォンなどのモバイルデバイスの普及、IoT、ドローン、5Gの通信技術などの進展により、デジタル化の適用が急速に進みつつあります **01**。

製造業は、早期からデジタル化の影響を大きく受ける業種となることが予想されます。中でも、製造工程や品質の見える化、生産機械や設備の遠隔制御、製品の利用状況の見える化などでのIoTの活用が有望な分野の1つです。製造現場や倉庫・物流分野におけるAIやロボティクス技術の活用は高度化し、さらに自動化や無人化が進むと考えられます。ロボットアームや機器の遠隔操作、自動運行や無人運転も現実のものとなっています。

流通業、とりわけ大規模な店舗を多数展開する百貨店、スーパーマーケット、量販店にとって重大な課題は、ネットショッピングに対する優位性の確保となるでしょう。そのためには、接客を含む店舗内業務の高度化と、リアル店舗ならではの買い物体験の提供が求められます。また、IoTを活用した顧客動線分析やデジタルサイネージを利用した店頭プロモーションなども注目されています。

医療分野では、遠隔医療やロボティクス手術、医療画像や医療記録のデータ解析なども進展しています。建設・土木業界でも、建機の遠隔操作やドローンを活用した測量などが実用化されています。そのほかに、防災・防犯、高齢者見守り、エネルギーマネジメント、交通や物流の最適化など、さまざまな業界において現場業務のデジタル化が進むと考えられます。

製造業

- 製造工程や品質の見える化
- 生産機械や設備の点検・遠隔制御
- 製品の利用状況の見える化
- ロボットアームや機器の遠隔操作

小売業

- 顧客動線分析
- デジタルサイネージでの店頭広告
- 無人レジ・セルフレジ
- 接客中の在庫確認・即時発注

医療

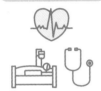

- 遠隔医療
- ロボティクス手術
- 医療画像や医療記録
  のデータ解析

建設・土木

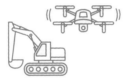

- 建機の遠隔操作・自動運転
- ドローン測量・3D測量
- 埋蔵物・汚染物検査
- 安全管理・危険予知

社会インフラ・公共サービス

- 検針・点検・設備保全・老朽化対策
- 高齢者の見守り
- 防災・防犯・安否確認
- 交通・物流の最適化

● 現場業務のデジタル化の着眼点

デジタル化によって現場業務を効率化したり、省力化したりすることも有効な施策ですが、さらに一歩進めて、業務そのものを不要にしてしまったり、これまでできなかったことを可能にしたりするような施策を実現するためには、現状の延長線上にあるような発想ではなく、これまでの常識を打破するような斬新なアイデアが必要です。そのうえで大切になる4つの着眼点があります 02 。

まずは、「①物理的な制約を回避できないか」という点です。これまで人手や目視で行っていた作業には、物理的な制約のためにデジタル化が進んでいないものが多くあります。点検、検品、保守といった業務の場合、ライブカメラやIoTなどで捕捉したデータに画像認識や分析を適用することによって、省人化・無人化できる可能性があります。

①物理的な制約を回避できないか

- ●カメラ映像による点検
- ●画像認識による検品・品質検査
- ●IoTによる保守・保全
- ●ロボットによる手作業の代替

②地理的な制約を回避できないか

- ●遠隔監視・遠隔診断・遠隔保守・修復
- ●機器や装置の遠隔操作
- ●オンライン商談・接客
- ●バーチャル展示会・ショールーム

③危険を軽減できないか

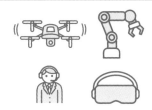

- ●ドローンによる高所撮影
- ●ロボットアームによる手作業の代替
- ●音声によるハンズフリーの操作
- ●VRによる仮想訓練

④暗黙知を形式化できないか

- ●ベテランによる遠隔指示
- ●オンライン・マニュアル
- ●ビデオ映像による技能習熟
- ●AIによる作業指示・アドバイス

Part. 3

　次に、「②地理的な制約を回避できないか」という点も大切です。遠隔監視、遠隔診断、遠隔操作などネットワークを介することで、これまで実現できなかった「どこからでもできる」ということが実現する可能性があります。

　また、「③危険を軽減できないか」という視点も重要です。物理的作業には危険を伴うものも多く、高所や危険な場所でドローンやロボットを活用する事例も見られます。

　そして、「④暗黙知を形式化できないか」という観点もあります。現場作業には、ノウハウや経験といった暗黙知が必要な場合が多く、これらは人の頭の中にあるものですが、これを形式知化（データ化）して活用したり、機械が学習したりできるものもあります。

● 観察と啓発で進める現場のデジタル化

これまで業務改善のための情報化では、まず事業部門の現場スタッフなどに対するヒアリングによって、課題や業務要件を引き出すことが一般的に行われてきました。しかし、DXではこの手法が通用しない場合があります。現場スタッフは、現在の仕事や業務プロセスに慣れ親しんでいて、疑問を持たずに遂行していることがあるからです。また、目の前の不満や日々の問題は良く見えていても、俯瞰的な見方ができていなかったり、潜在的な問題には気付いていなかったりすることも珍しくありません。したがって、現在の課題や問題点をあまり熱心に聴きすぎることで、業務そのものを大きく見直す可能性を見逃してしまったり、斬新な発想が生まれなかったりすることがあります。

デジタル技術を活用した革新的なアイデアを発想するためには、ゼロベースで適用の可能性を探ることが求められます。これに対処する1つの方法として

は、AIなどの技術を理解しており、他社での適用事例をたくさん知っている人が、先入観を持たずに業務現場をじっくりと観察して適用可能性を探ることが挙げられます。社内のIT担当者や社外のコンサルタントのような人材は、業務知識が不足していることがしばしば問題視されますが、あまり詳しく知らないほうが、ゼロベースのアイデアや斬新な発想が生まれやすいということもあります。

また、デジタル技術を詳しく知らない現場スタッフに対しては、「どのようなことが可能となるのか」、「他社ではどのような活用事例があるのか」といったことについて啓発し、発見を呼び起こすという方法も考えられます。実機を使ったデモなどで体感してもらうことも有効です。重要なことは、IT側や業務現場側といった対立構造を作ることなく、互いが教え合い、意見を出し合い、対等に議論を尽くして取り組むことです 03 。

03 現場業務のデジタル化のアプローチ

ヒアリングによるアプローチ	観察と啓発によるアプローチ

- 今のやり方に慣れ親しんでいる
- 疑問を持っておらず、問題に気付いていない
- 目の前の不満や日々の問題に着目しがち

- 客観的で俯瞰的な視点が加えられる
- 試したり、体験したりすることで発見が生まれる
- 互いが教え合い、意見を出し合う

斬新な発想はなかなか出てこない

斬新な発想が生まれやすい

4 あらためて問われる
顧客とのデジタルでのつながり

消費者がスマートフォンやSNSを活用するようになり、
取引や情報交換の手段がデジタル化している今、
企業にはデジタル技術やデータを活用して顧客との関係性を深めることが求められます。

● デジタル化する顧客への対応が求められる

　企業にとって顧客との関係を深めることは非常に重要ですが、顧客とのつながり方にも変革が求められています。インターネットで商品を購入する前に実店舗に行き、現物を見て確かめる「ショールーミング現象」という消費行動が以前から問題視されていましたが、スマートフォンの普及でこれに拍車がかかっています。実店舗で実際に商品を見て、説明を受け、触って確認したうえで、その場でスマートフォンを使って価格比較サイトから最も安いネットショップを見つけて購入するという行動は、今や珍しいことではありません。これは、量販店や百貨店などの大型店舗が、交通の便が良い一等地に大きなビルを構え、商品知識豊富な従業員と陳列在庫を抱えながら、ネットショップという敵に塩を送ってしまうことを意味します。

　また、SNSで消費者がつながり合うことが購買行動の変化を促しています。SNSなどでインフルエンサーと呼ばれる人の影響を受けて購買意欲が掻き立てられたり、同じ趣味や興味を持つ人々が形成するコミュニティが消費動向を左右したりしています。これらに対応するためには、企業側もデジタル技術を駆使して潜在的な顧客を見つけ出し、つながり、関係を強化し、満足度を高めることが求められます。インターネット上の顧客とリアル店舗に来店する顧客が同じ人物であれば、そのように対応しなければなりませんし、インターネット上の顧客を店舗に誘導したり、店舗の顧客を自社のWebサイトに誘導したりすることも有効です。それを実現するために、あらゆるチャネルで顧客との接点を作って購入の経路を意識させないオムニチャネル戦略が注目されています。

　また、業種を問わず、顧客接点やコールセンターなどの問い合わせ対応業務の高度化が求められており、AIやチャットボット（自動対話ロボット）を活用した自動応答、セルフサービスの促進などによる顧客対応業務の革新も重要なテーマとなるでしょう。

　今後はさらに、従来のマーケティング領域とITの融合が進み、販売チャネルや顧客との接点のあり方、企業や商品の価値訴求やブランディングの方法、顧客や市場の状況に関する情報収集の手法などに変革がもたらされるでしょう。

　顧客の声（VOC：Voice Of Customer）を商品企画や改良、品揃えや店づくり、サービスやサポートなどに活かす動きも見られます。これまでリアル店舗では、顧客に関する詳細な情報を把握することが困難

でしたが、ポイントカードやスマートフォン決済などを利用する顧客からさまざまなデータを収集できるようになっており、これをマーケティングに活用することが有効な戦略となります。「良いものを作れば売れる」という大量生産大量消費の時代ではなくなった現代では、常に顧客側の立場になって、商品やサービス、その提供方法や使われ方をデザインすることが重要です 01 。

● デジタルで顧客とのコミュニケーションを高度化する

　デジタル技術を活用することで顧客とのコミュニケーションを円滑にすることも重要です 02 。日本航空では、AIを活用した空港旅客サービス案内の支援システムを開発しました。空港スタッフの発言し

た内容をAIが解釈し、必要な情報を自動でスタッフが持つタブレット端末に表示させるものです。これにより、乗り継ぎ便における経由地での手荷物の問い合わせ、座席アップグレードの要望、目的地の空港

ラウンジの場所についての質問など、多岐にわたる要望に、顧客を待たせることなく迅速かつ的確に応えることができるということです。

モノづくり現場を支えるプロツール（機械工具や作業用品など）の専門商社であるトラスコ中山は、40万点におよぶ在庫の中から、ドライバー1本でも即日配送できる独自のモデルを構築しています。同社は、顧客とのリアルタイムなコミュニケーションを実現するスマートフォンアプリ「T-Rate」（トレイト）を開発しました。商品に関する問い合わせを受けるチャット機能や、荷物の到着時間がわかるトラック配送状況機能を搭載しており、顧客である販売店との円滑なコミュニケーションを実現しています。

02 顧客との円滑なコミュニケーションを実現する

日本航空のAIを活用した空港旅客サービス案内の支援システム。空港スタッフの発言した内容をAIが正確に解釈し、必要な情報を自動でスタッフが持つタブレット端末に表示させる
出典：日本航空　2019年3月12日付けプレスリリース
http://press.jal.co.jp/ja/release/201903/005100.html

トラスコ中山の販売店様向けスマートフォンアプリ「T-Rate」（トレイト）。チャットでの問い合わせや配送状況の確認がスマートフォンで簡単にできる
出典：トラスコ中山　2019年12月18日付けプレスリリース
http://www.trusco.co.jp/wp-content/uploads/2019/12/NEWSRELEASE_新スマートフォンアプリリリース1.pdf

● 高度な接客体験をデジタルが演出する

三越伊勢丹のリモート接客の取り組みを P.54 で紹介しましたが、同社ではこれをさらに進めて、VRを活用したスマートフォン向けアプリ「REV WORLDS」（レヴ ワールズ）を開発し、仮想都市にあるバーチャル店舗での新しい買い物体験の提供を実現しています。VR上で自分の分身であるアバターを操作し、街並みを見て回ることができ、その仮想空間にある伊勢丹新宿店を再現した店舗で買い物ができるというものです 03 。再現された街や店舗は、基本的にリアル世界と同じテイストを保ちつつ、一部はVRでしか体験できないという遊び心ある世界観を表現しています。24時間どこからでもスマートフォンから仮想都市にアクセスをすることができ、開始時点では、新宿東口の街の一部エリアと伊勢丹新宿本店が再現されています。顧客はアプリ内のどこにいても、チャット機能を使って、アバターで表示される友人や家族と会話を楽しむことができます。また、仮想の伊勢丹新宿店では、コスメやワインなどの売場で気に入った商品があれば、その場でクリックして三越伊勢丹オンラインストアから実際の商品を購入することもできます。バーチャル店舗であれば、日本中だけでなく世界中からの顧客を受け入れることができ、地理的制約を排除したビジネスの展開が可能となります。

03 VRで新たな顧客体験を実現する

■ バーチャル空間でのお買い物方法の流れ

商品に近づくと、
値札が空中にポップアップ。

値札をタップすると拡大表示。
WEBマークを押すと三越伊
勢丹オンラインサイト等へ。

三越伊勢丹オンラインサイト
等から実際の商品が購入可
能に。

三越伊勢丹のVRを活用したスマートフォン向けアプリ「REV WORLDS」（レヴ ワールズ）。24時間どこからでもスマートフォンから仮想都市にアクセスをすることが可能で、開始時点では、新宿東口の街の一部エリアと伊勢丹新宿本店が再現されており、アバター店員との対話や買い物もできる
出典：三越伊勢丹ホールディングス　2021年3月17日付けプレスリリース
https://pdf.irpocket.com/C3099/TGuW/Yi02/yXXo.pdf

製品のスマート化で
どのような世界が広がるのか

製品自体にインテリジェントな機能を持たせたり、
インターネットに接続したりすることを製品のスマート化と呼びますが、
それにより付加価値が生み出され、新たなビジネスモデルが実現されます。

◉ 製品のスマート化が意味するもの

「スマート」には、「賢い」、「洗練された」などの意味がありますが、「ソフトウェアによる制御・処理の能力を搭載した」といった意味もあります。製品のスマート化とは、状況に応じて制御・運転を行ったり、運用を最適化したりするインテリジェントな機能を製品に組み込むことを意味します。たとえば、電気やガスの検針で用いられる計量器にデジタル計測機能と通信機能を持たせ、自動検針を行うのがスマートメーターです。スマートメーターは、検針の無人化による人件費の削減などの事業者のメリットもさることながら、そこで収集されるデータを各家庭の省エネ、防災、防犯などに活用することで利用者のメリットを生み出すことも期待されています。

製品のスマート化は、これまでも機械同士の通信（M2M）などの技術を用いて、製造業の工場などで利用される計測機器や制御機器の分野で進められてきました。昨今では、IoTの台頭によりインターネットを通じて遠隔地との通信が可能となり、スマート化の対象が自動車、家電、住宅、衣類・靴といったより身近な製品へと一気に広がっています。

製品のスマート化をデータの流れに着目すると4つに分類することができます 01 。

①インターナル型

自己完結型ともいえます。製品が自らの稼働状況などをモニタリングし、それに応じて自動で制御、診断、修復、運転などを行うものです。通信機能を具備しているため、収集したデータを外部に送信することはできますが、送信先は主に製品のほかの部位や周辺装置、または設置施設内の制御・監視装置などに限定されます。

②インサイドアウト型

自らの状態や周辺の環境をモニタリングし、遠隔地のセンターなどに観測データを送信します。連続的なデータをリアルタイムで送信するものもあれば、

①インターナル型

②インサイドアウト型

③双方向型

④フィードバック型

分析

一定期間のまとまったデータを送る場合もあります。また、異常などを検知した場合にアラートだけを送信するものもあります。

③双方向型

　製品からデータが外部に送信されるとともに、遠隔地からソフトウェアの更新、修理、操作などを行うことができます。これにより現地での無人の保守や運転が可能となります。また、製品の機能や性能の

バリエーションをソフトウェアで変更することもできます。

④フィードバック型

　製品から送られたデータを分析するなどして、さまざまな付加価値を提供することができます。利用状況に応じた柔軟な料金モデルの実現、最適な利用方法のアドバイス、マーケティングへの活用などが可能で、今後最も注目されるタイプといえます。

● スマート製品が提供する価値

　これまでは、製品を顧客に販売して終わり、というビジネスモデルであったものも、製品をスマート化することにより、販売して顧客が利用し始めてからデータを収集し、さまざまなサービスや付加価値を提供することができるようになります 02 。たとえば、

スマート製品が自己診断プログラムにより故障箇所を特定して通知できれば、保守エンジニアが保守部品を取り揃えて現場に駆け付けるという通常のプロセスを、大幅に改善できることでしょう。

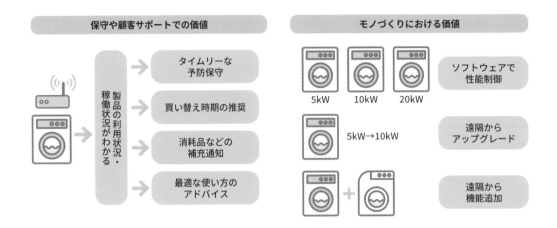

また、モノづくりそのものにも変革をもたらす可能性もあります。製品の性能や機能をソフトウェアで制御できるため、多種多様な仕様の製品のバリエーションを製造することなく、1種の製品を製造し、顧客のニーズや利用量に応じて選択できるようにすることもできます。

マーケティングや顧客との関係にも大きな影響を及ぼすと考えられます。これまでは製品を一度販売したら、次に顧客が買い替えに来たり、周辺商品や上位商品を追加購入しに来たりするのを待つしかありませんでした。しかし、スマート製品が顧客先での利用状況や課題を知らせてくれれば、最適な料金プランや買い替え時期などについて、タイムリーに提案ができるようになります。

● スマート化が促すビジネスモデルと業界構造の変革

製品のスマート化がビジネスモデルや業界構造に変革を促すことも考えられます **03**。たとえば、素材や部品を製造する企業では、これまで性能・機能の優位性を基に、直接的な顧客である最終製品メーカーなどに自社製品を提供していました。しかし、スマート製品のメーカーが、納入先のメーカーだけでなく、その先の顧客や最終消費者に対して情報やアドバイスを提供することで競争優位性を発揮することが可能となります。GE（General Electric）社の航空事業部門では、エンジンセンサーから得られる情報を基に、機体メーカーではなく直接航空会社に対して、燃費を最適化する操縦プロセスをアドバイスしています。これにより、GE社は機体メーカーに対する交渉力を強めることができます。

自動アップグレード、遠隔からの構成変更、クラウドサービスにおける従量制課金やサブスクリプションなど、これまでソフトウェア業界で行われていたことが、あらゆる業界で実現されることにより、製造業のサービス化などといったビジネスモデルの転換が促されると予想されます。適用分野は製造業にとどまらず、農業、建設・土木、防災・防犯、交通・運輸、医療など、あらゆる業種に広がっていくと予想されます。小売業では、店舗フロアや陳列棚がスマート化することも起こるでしょう。今後、スマート製品の複合化が大きな影響を及ぼすと考えられます。1つのスマート製品だけでなく、複数のスマート製品が互いにデータを利用したり、制御し合ったりする世界が間近に迫っています。

03 **スマート化によって生まれる新たなビジネスモデル**

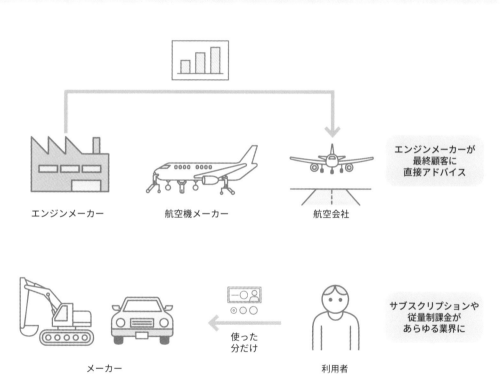

エンジンメーカー　　　航空機メーカー　　　航空会社

エンジンメーカーが
最終顧客に
直接アドバイス

メーカー　　　　　　　　使った
　　　　　　　　　　　　分だけ　　　　　利用者

サブスクリプションや
従量制課金が
あらゆる業界に

サブスクリプションモデルで提供形態を変える

モノを売ったらそれで商取引は完結するという「売り切り型」ではなく、
一定期間利用してもらうサブスクリプションというモデルが注目されています。
こうした提供形態にはどのようなメリットがあるのでしょうか。

◉「売り切り型」から「利用型」へのシフト

　モノ（商品）を作って売る、あるいはモノを仕入れて売るというビジネスは、長い歴史を持った事業形態です。従来の製造業や流通業（小売業、卸売業、商社など）は、こうした事業形態を中核に据えて成長してきたといえます。基本的には、モノを売ったらそれで商取引は完結するという「売り切り型」のモデルが中心でした。大量生産大量消費が前提となる高度成長期には、この事業形態が隆盛を誇っていました。

01　売り切り型とサブスクリプション

利用者　　商品の所有権や1回のサービスの購入　　提供者

売り切り型

1回の支払い

利用者　　商品やサービスの継続的な利用　　提供者

サブスクリプション

期間内の定額または使った分の支払い

しかし、経済が成熟し、顧客のライフスタイルが「所有」から「利用」へとシフトする現在において、これまでの前提が通用しにくくなる現象がさまざまな業界で見られるようになっています。モノを買って所有することが喜びでありステータスであるという考え方から、必要なときに利用できれば良いという考え方への移行も顕著になってきています。もちろん「売り切り型」がなくなるわけではありませんが、モノやサービスの提供形態における多様性が求められることは、もはや避けられません。

これに対応するために、自社の商品を売り切り型で販売するのではなく、一定期間利用してもらうような契約形態の、サブスクリプションというモデルが注目されています。サブスクリプションとはもともと文書に添えられた書き込み（Sub+Script）をいい、当事者間の合意書に添えられる名前やメモを指していました。これが転じて、サービス内容についての契約や協定を意味するようになり、現在では「継続利用を前提としたサービス提供型のビジネスモデル」、すなわち定期利用、加入者契約、あるいは会員制といった形態のサービスを指しています。新聞や雑誌の定期購読はもともとサブスクリプションの形態です。そして、NetflixやAmazonプライムなどが提供している定額料金で見放題の動画配信サービスなどが、サブスクリプションモデルの代表例です ⓪1 。

◎ さまざまな業界で取り入れられるサブスクリプション

サブスクリプションモデルは、「サブスク」と略されてさまざまな業界に広まっています。提供する商品そのものを変えるわけではないものの、その提供形態を変えることで顧客のライフスタイルや価値観の変化に対応しようとする動きと捉えることができます。すなわち、所有型から利用型へ向かう顧客や社会の需要に応えるための選択肢といえます ⓪2 。

たとえば、サブスクランチは、月額定額料金で一定回数または回数無制限でレストランなどのランチを食べることができるサービスです。

トヨタ自動車は、トヨタおよびレクサスの新車を任意保険料やメンテナンス料込みの月額利用料で利用できる定額サービス「KINTO」を提供しています。また、良品計画が展開する無印良品とイデー（IDÉE）では、ソファーやベッドなどの家具・インテリア用品をレンタルできる月額定額サービスを2020年7月から開始しており、利用料金は月額800円からで、期間は年単位の契約制で1～4年の間で選べるとしています。

アパレルや通販業界では、月額制で料金を支払うことで、利用者のためにセレクトされた「商品（が入ったボックス）が毎月届く」サブスクリプション・ボックスという形態も見られます。

このようなさまざまな業界で展開されるサブスクリプションモデルのビジネスをサポートする事業も立ち上がっています。ソフトバンクの子会社のビューンでは、サブスクリプションビジネスを行おうとする事業者にシステム構築、決済代行、顧客サービスなどを一括して請け負うサービス「サブ」（Sub.）を提供しています。

所有型		利用型
自動車販売	→	ライドシェア／MaaS※1
アパレル店舗／通販	→	サブスクリプション・ボックス
外食チェーン店舗	→	サブスクリプション・ランチ
家具・家電販売	→	月額課金サービス
ソフトウェア・ライセンス販売	→	SaaS※2／サブスクリプション

※1 MaaS：「Mobility as a Service」の略。多様な移動手段をシームレスに利用できるサービスのこと。
※2 SaaS：「Software as a Service」の略。クラウドで提供されるソフトウェアサービスのこと。

Part.3

● サブスクリプションモデルのメリット

　顧客側のメリットとしては、大きな初期費用が不要であること、必要な期間だけ利用できることなどが挙げられます。試しに使ってみたり、いろいろな製品を使ったりできる点もメリットですし、管理の手間が省けたり、金銭的にお得だったりする場合もあります。

　一方サブスクリプションは、事業者側にもいくつかのメリットをもたらします。その1つは収益の安定性が確保されることです。たとえば、新型コロナウィルスの影響で航空会社や観光地の旅館などは売上が激減するなどの大きな打撃を受けました。これ

は少し極論ですが、もし航空会社が年間20万円で国内乗り放題、旅館が月額3万円で泊まり放題といったサービスを以前から提供していたとしたら、一時的な売上の落ち込みを回避できたかもしれません。不確実性の高いビジネス環境においては、従来型のビジネスモデルや課金モデルだけでなく、外部環境の変化や顧客のニーズに合わせて複数の提供形態を選ぶことができたり、情勢に合わせてモデルを変更できたりするような弾力のある事業運営が、ますます重要となるでしょう。

　そしてもう1つのメリットは、需要動向や利用状

況が捕捉できるということです。従来の売り切り型の商品販売モデルでは、商品が売れたら顧客との関係がほぼ終わってしまい、次に買いに来てくれるのを待つしかありません。しかし、サブスクリプションは、顧客の継続利用を前提としていますし、とくにネットワーク経由で利用状況が収集できる場合は、高頻度で継続的な需要データの捕捉や分析が可能となります。利用者が、頻繁に使っているのか、あまり利用しなくなっているのかもわかりますし、さらに上位のサービスを利用する可能性があるのかといったことを予測することもできます。利用者や顧客と

なった瞬間から関係構築が始まり、継続的な付き合いを通じてサービスを改善・最適化し続けることで、ビジネスに成長をもたらすことも可能です **03** 。

IT業界では、ソフトウェアのライセンス（ソフトウェア使用許諾契約）やクラウドサービスのように、サブスクリプションに近いビジネスモデルが以前から取り入れられてきました。今後は、IT業界以外のあらゆる業界にこの動きが広がっていくでしょうし、それによって多くの企業に新たな収益源をもたらす可能性があると考えられます。

03 サブスクリプションモデルのメリット

利用者側のメリット	提供者側のメリット
大きな初期費用が必要でない	収益の安定性が確保される
必要な期間だけ利用できる	新規顧客獲得の可能性が広がる
試しに使ってみることができる	顧客と長期の契約が見込まれる
いろいろな製品を使うことができる	需要動向や利用状況が捕捉できる
金額的に得になる場合がある	継続的にサービスを改善できる
管理の手間が省ける場合がある	過剰生産や在庫を抑制できる

7 つながりを価値として提供する 新たなビジネスモデル

「つながり」はデジタルが実現する価値の1つですが、
これに着目したマッチングサービスやシェアリングエコノミーが台頭し、
さまざまな分野で新たなビジネスを生み出しています。

● 出会いを価値として提供するマッチングサービス

メルカリなどのフリマアプリは、売りたい人と買いたい人をつなぐことをサービスとして提供していますが、一般にこのようなビジネスモデルは、仲介サービスやマッチングサービスと呼ばれます。これは、デジタル化の価値の1つである「つながり」を活用したビジネスといえます **01** 。

01 マッチングサービス

	デジタル以前のマッチングサービス	デジタル時代のマッチングサービス
B2B	展示会	商材・サービスマッチング（WizBiz　など）
	ビジネスマッチングイベント （中小企業取引振興協会　など）	システム開発会社探し・比較サイト （発注ナビ　など）
B2C	不動産仲介	不動産マッチング（すまいValue　など）
	人材紹介会社	求人・求職マッチング（Wantedly　など）
C2C	フリーマーケット	フリマアプリ（メルカリ　など）
	家政婦紹介所	家事代行マッチング（タスカジ　など）

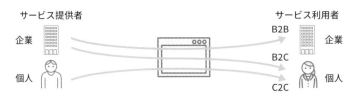

サービス提供者　　　　　　　　　　　　　　サービス利用者

企業　　　　　　　　　　　　　　　B2B　　　企業

個人　　　　　　　　　　　B2C

　　　　　　　　　　　　　C2C　　　個人

Part. 3

国内では、家事からペットの世話、掃除、料理、家具の組み立てまで、あらゆる家庭の困り事に対して、ご近所さんにインターネットで気軽にお手伝いを依頼できるマッチングサービスを提供する、エニタイムズという企業があります。また、習い事探しのストリートアカデミーは、語学や資格の勉強、スポーツや料理などさまざまな分野の知識やスキルを教えたい人とそれを学びたい人をつなぐサービスを提供しています。

マッチングサービス自体は、不動産仲介、職業紹介、結婚相談所など従来のビジネスとして存在していたものですが、情報をデジタル化し、ネットを介してやり取りすることで、探しやすさや閲覧性を向上させ、より幅広い顧客に高い利便性を提供することができるようになっています。また、紹介手数料だけでなく、登録料や広告料といった、これまでと異なる収益源を獲得する事例もあります。

◉ 共有を価値として提供するシェアリングエコノミー

有形無形のモノや権利を共有し、必要なときに必要な人が利用できるようにするシェアリングエコノミーの事例は多岐にわたります。代表的なものは、UberやLyft（リフト）などのライドシェア（一般ドライバーが自家用車を使い、有料で送迎するサービス）、民泊仲介のAirbnb、クローゼットに眠っている衣服を貸し出せるStyle Lend（スタイルレンド）、レジャー用ボートを共有するBoatbound（ボートバウンド）などです。

国内では、使っていない時間帯の駐車場を貸し出すAkippaや軒先パーキング、会議室やイベント会場を共有するスペースマーケットなど、狭い国土を反映してか、場所を共有するものが多いのが特徴といえるかもしれません。たとえば、店舗や飲食店の駐車場は、営業日にはフル稼働しても、定休日は遊休施設となります。所有者の都合を反映して貸し出せることも、シェアリングエコノミーの魅力です。

よほどのこだわりがあって、自分で購入して保有したいと思うもの以外は、必要なときにだけ借りて使うという行動様式は、特別なことではなくなっていくでしょう。そもそも、CD／DVD、レンタカー、ホテルの客室、貸し会議室などを必要に応じて有償で貸すという事業は、当たり前のように行われていたビジネスモデルです。しかし、これまでは事業者が設備や在庫を抱えてビジネスを行うというのが一般的でした。インターネットやスマートフォンの普及により、個人対個人（C2C）の情報のやり取りが容易になったことで、大きな資本を持たずともこうしたビジネスに参入でき、これまでは提供される側だった消費者が、提供者側になる可能性が広がっています。Airbnbは、ホテルの建物もフロントや清掃のための従業員も抱えずに、既存のホテルと同様の「泊まりたい人に客室を提供する」という顧客価値を提供しています。つまり、自社では人件費や設備費などのコストを最小限に抑えつつ、宿泊者である顧客とホストと呼ばれる提供者をインターネットで結び付けることで、同様の価値を提供しているといえます。

ただし、次々と登場するシェアリングエコノミーのビジネスがすべて成功を収めるわけではありません。シェアリングエコノミーのビジネスが最も適合するのは、保有コストが高く、所有者側の稼働率や利用頻度が低い領域でしょう 02 。自家用車や駐車場はその典型といえます。一方で、消費者のライフスタイルはますます多様化し、循環型の社会が発展していくことが予想されるため、シェアリングエコノミーの対象となる領域は今後、さらに拡大していくことでしょう。

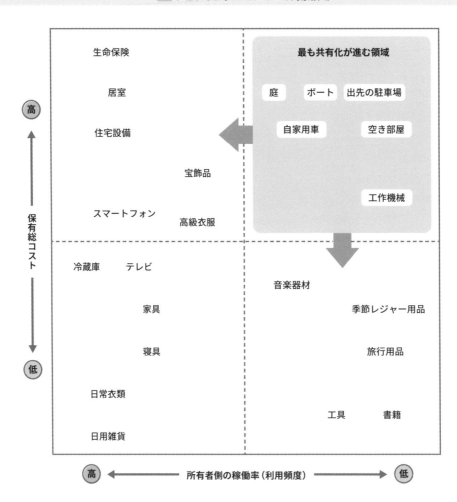

02 シェアリングエコノミーの対象領域

生命保険

居室

住宅設備

宝飾品

スマートフォン　　高級衣服

最も共有化が進む領域

庭　　ボート　　出先の駐車場

自家用車　　空き部屋

工作機械

保有総コスト　高　低

冷蔵庫　テレビ

家具

寝具

日常衣類

日用雑貨

音楽器材

季節レジャー用品

旅行用品

工具　　書籍

所有者側の稼働率（利用頻度）　高　低

Part. 3

● 商流に変革をもたらすC2Cのビジネスモデル

このような新たなビジネスモデルの台頭は既存企業にとって脅威と捉えられがちですが、自社でも活用できないかという視点で検討することが推奨されます。「自社の周辺に結び付きを求めている人はいないか」、「自社で所有している設備・機器などは本当に所有しなければならないのか」といった検討も有効となるでしょう。不動産仲介や職業紹介を提供してきた従来の事業者も、インターネットを活用して検索性や比較のしやすさを向上させたり、動画コンテンツを掲載して案内を充実させたりしています。

自社のコア事業の周辺領域でマッチングサービスやシェアリングエコノミーを展開することで新たな需要が喚起され、既存事業の拡大に寄与する可能性もあります。

消費者同士（C2C）の領域でマッチングや共有を可能にするビジネスモデルは、消費者のデジタル化に伴って発展した新業態といえます。SNSの普及などによって消費者同士が容易につながり合うようになったことで、C2Cのマッチングサービスやシェアリングの市場が生まれ、一般の消費者がサービス提供側に立つ場面が浮上しています。つまり、企業にとって消費者は「お客様」というだけでなく、ライバルになる場合もあることを意味します。とくに、企業や消費者をつなげることを価値として提供してきた企業は、中抜き現象によって市場を奪われる可能性があることを意味します。そして従来の商流では、もともとの生産者は消費者のニーズや不満を直接知ることは困難でしたが、C2Cのビジネスモデルはコメントや評価を直接やり取りすることができますし、価格交渉や納期調整ができる場合もあります **03**。

---

03 広がるC2Cのビジネスモデル

従来のビジネスモデル

- 商流は一方通行で提供者と消費者は明確に区別されている
- 価格決定権は提供者のみが持つ
- 消費者のニーズや不満を提供者が直接知ることは困難

C2Cのビジネスモデル

- 商流は双方向であり、消費者が提供者になる場合もある
- 消費者が価格決定権を持つ場合がある
- 消費者のニーズや不満を提供者が直接知ることができる

自社のノウハウやデータを
ビジネスとして提供する

デジタルの世界では、自社が保有しているノウハウやデータを活用して
新たなビジネスを創出する可能性が高まっています。
そのためには、どのような考え方や戦略が必要なのでしょうか。

◉ ノウハウを持っていることが強みになる

　これまでに何らかの事業分野で成功してきた企業は、これまでに展開してきた事業において、長年蓄積したデータや独自のノウハウを持っているはずです。DXを推進する際に、それらが強みとなる場合があり

01 自社ノウハウのビジネス化

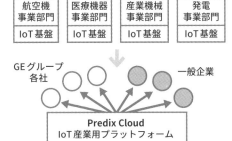

Amazon

Amazon.com
世界最大の
Eコマースサイト

システム基盤

自社　　　　　　　　他社

AWS
Amazon Web Service

大量の商取引を処理する堅牢で拡張性のあるシステム基盤を幅広い顧客企業に提供

GE

GEグループの各社でIoT向けの処理ソフトやデータ基盤を構築

航空機 事業部門	医療機器 事業部門	産業機械 事業部門	発電 事業部門
IoT基盤	IoT基盤	IoT基盤	IoT基盤

GEグループ
各社　　　　　　　　一般企業

Predix Cloud
IoT産業用プラットフォーム

IoT産業用プラットフォームを構築し、GEグループだけでなく幅広い顧客企業に提供

ます 01 。

クラウドサービスで世界的に先頭に立っているAmazonのAWS（Amazon Web Service）は、もともとはEコマースサイトAmazon.comでの大量の取り引きを処理するために、自社のシステム基盤として構築されたものです。Amazonはその自社基盤をいち早く外販し、今では世界中の企業がそれぞれのクラウド基盤として有償で利用しています。

また、GE（General Electric）社の産業用ソフトウェア・プラットフォームであるPredixクラウドも、当初はGEグループの産業機械、医療機器、航空機など

の製造で個別に取り組まれていたIoTに関するデータ管理・分析などのサービスでした。それらをクラウド化し、他社向けに事業化したのです。

ただし、ノウハウを持っているからといって、それがすぐに事業化できるわけではありません。会社の中の誰かが属人的に持っている事業固有のノウハウだけでは、汎用化できませんし、スケールメリットも生まれません。ノウハウを他社や顧客でも利用できるように汎用化し、サービスとして提供できるようにメニュー化したり「仕組み化」したりすることが重要です。

◉ オープン＆クローズ戦略を駆使する

昨今、自社ノウハウをビジネス化する際の考え方の1つである「オープン＆クローズ戦略」が注目されています。自社が保有する重要なノウハウやコア技術とそうでないものとに分けて、前者については秘匿（クローズ）し、後者に対しては他社に提供（オープン）するという戦略です 02 。

今後、多くの企業でDXが推進されることで、それぞれの企業の経営資産であるデータやソフトウェアといった「デジタル資産」が数多く生み出されることでしょう。従来型のビジネスを行ってきた企業では、本業となる事業においては特許や著作権を活かして巧みに利益を生み出してきたかもしれませんが、新たに創出されるデータやソフトウェアについては、儲けるための仕掛けがなかったり、それが十分でなかったりすることが多いのではないでしょうか。

これまでは、自社向けに開発したシステムや、事業遂行の過程で得られたデータは、自社だけで使うと

いう考え方が常識でした。ましてや本業を支えているシステムやデータを他社に提供することには、大きな抵抗があったものです。もちろん、差別化や優位性の源泉となっている部分はしっかりと保護する必要はありますが、そうでない部分については、サービス化して事業として推進していくことも視野に入れるべきです。そうすることで、新たなビジネスを創出したり、他社を巻き込んだ協業によるビジネスチャンスをつかんだりする可能性が広がります。

短期間で急成長を遂げたクラウド基盤のAmazonのAWSは、技術者向けに仕様や技術情報を積極的に開示することでクラウド市場を切り開いた好例といえます。企業は、どの部分が自社の中核・強みとなる領域であり、どの部分がそうでない領域なのかを、あらためて問い直すことが求められます。

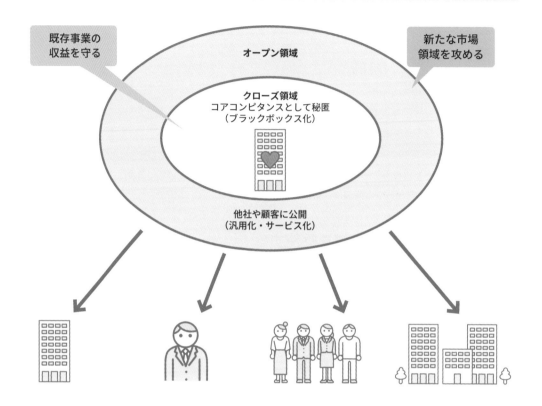

Part.3

● 自社データが売り物になる可能性もある

デジタル化されたデータそのものが、自社だけでなく、他社や他業種の企業にとって価値があることもあります。データを自社ビジネスの優位性向上のために活用するだけでなく、データやその分析結果を有償で販売するというビジネスモデルにも注目が集まっています 03 。

付加価値のあるデータを有償で提供することは、出版社や新聞社、帝国データバンクのような企業情報データベース事業者などが従来から行っていたビジネスモデルです。地域気象情報や株価に影響を及ぼす企業情報などは、希少性や有益性が高いため、以前から有償で販売されていました。

一般の企業が、従来の事業を展開する過程で自社内に蓄積されるデータや独自に収集したデータを他社に有償で提供することで、新たな収益源を獲得できることがあります。自社にとっては有用でないと思われていたデータが、取引先や異業種の企業にとっては非常に有益であり、お金を支払ってでも手に入れたいと考えられているものかもしれません。たとえば、自動車や電気機器などの最終製品のメーカーの生産計画のデータは、そこに部品や素材を納入するメーカー（川上側）にとっては重要動向がわかる重要なデータですし、出荷計画のデータは販売店（川下側）にとっては重要な入庫情報となります。また、鉄道会社やバス会社が保有する曜日別や時間帯別の乗降者数に関するデータは、沿線の店舗にとっては繁忙を左右する重要なデータとなるはずです。もちろ

ん、自社固有の機密情報や顧客の個人情報などの取り扱いには気を配らなくてはなりません。データに関しても先述のオープン＆クローズ戦略の考え方を適用し、自社が保有する重要なノウハウや顧客に関するデータとそうでないものとに分けて、前者については秘匿（クローズ）し、後者に対しては他社や顧客に提供（オープン）することもできるでしょう。顧客に関するデータであっても、個人が特定できないように加工した統計的データやトレンド情報は、有償で販売することができるかもしれません。

昨今では、自治体や大学の研究機関などが無償で提供するオープンデータを組み合わせたり、それに高度なデータ分析を加えたりすることで、付加価値を高めて有償で提供するといった事例も見られます。

03　データを有償で提供するビジネスの可能性

自社保有データの有償提供

自社の仕入れ、生産、販売、出荷などに関するデータがサプライチェーンの両側（川上・川下）にとって有益な情報となる

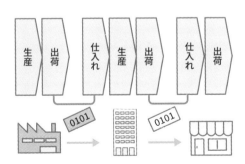

オープンデータの付加価値販売

官公庁、自治体、大学などが公開するオープンデータを組み合わせたり分析したりして、付加価値を高めて提供する

115

顧客の困り事を解消する
ユニークなビジネスモデル

インターネットやデジタルサービスは非常に便利な点がある一方で、
特有の不便さや困り事も少なくありません。
そうした顧客の困り事に、きめ細かく対応するビジネスモデルも考えられます。

◉ 必要なときに必要なものを提供するオンデマンドサービス

「オンデマンド」(on demand) という言葉は「需要に応じて」という意味であり、オンデマンドサービスといえば、好きなときに好きな映像コンテンツが観られるビデオオンデマンドや、必要な分だけ印刷できるオンデマンド印刷サービスなどが思い浮かぶでしょう。さらに、受注に応じて仕入れ・製造を行うオンデマンドコマース、事前予約に応じて経路やスケジュールを決めるバスなどのオンデマンド交通も注目されています。

01 オンデマンドサービス

要求

提供

要求

提供

提供者のメリット
- 小口注文の顧客を新規開拓できる
- 個別対応が必要な顧客を取り込める
- 顧客の要望にきめ細かな対応ができる
- 在庫リスクが小さい
- 保管スペースが小さくて済む
- 固定的な運転費や人件費を抑制できる

利用者のメリット
- 欲しい時に要求・注文でき、すぐに手に入る
- 欲しい分だけ要求・注文できる
- 必要のない分を買い置きしたり、余分な注文をしたりしなくて済む
- 数量をその都度自由に設定できる
- 内容をカスタマイズした要求ができる

オンデマンドサービスの最大の利点は、利用者が必要なときに必要なサービスを受けられることですが、提供者側にもメリットがあります。たとえばオンデマンド印刷では、注文に応じて少部数でも印刷でき、内容の差し替えなどにも柔軟に対応できます。そして、大量の在庫を抱える必要がなく、保管スペースも小さくて済みます。オンデマンドバスは、顧客からのリクエストがないときには運行する必要がないため、空で走らせるという無駄をなくすこともできます。

また、利用者の個別の要求に応じて商品やサービスをカスタマイズすることも可能です。たとえば講談社は、学術文庫の文字が小さくて読みづらいという読者に向けて、専用サイトで指定した文庫の版面を拡大して印刷・製本して届ける「大文字版プリントオンデマンド」というサービスを提供しています。オンデマンド交通では、要望に応じて顧客をドアツードアで運ぶことができます。オンデマンドは、まさに大量生産大量消費の時代からマスカスタマイゼーションの時代への転換に対応するビジネス形態といえます **01** 。

⚪ ワンストップで価値を提供するアグリゲーションサービス

「アグリゲーション」（aggregation）とは「集約」という意味です。アグリゲーションサービスは、複数の企業のシステムやWebサイトからデータやコンテンツを集めてきて一元的に閲覧したり、連携して利用したりできるようにして利便性を高めるサービスです。

インターネット上には同様の商品やサービスを提供している事業者が多数存在しており、それらに関する情報を1つひとつ自分で確認することには大きな労力を要します。そこで、これらの情報を1つのWebサイトに集めて一覧表示や検索をしたり、価格や仕様を比較したりできるようにして、顧客の商品やサービスの選択を手助けするのが、アグリゲーションサービスの役割です。たとえば、ホテルやツアーなどの旅行予約、不動産情報、商品の価格情報などを多数のWebサイトから集めてきて、比較しながら選択できるサービスなどです **02** 。

複数の金融機関の口座と連携し、資産管理や家計簿サービスを提供するマネーフォワードは、アカウントアグリゲーションと呼ばれるビジネスモデルであり、典型的な事例といえます。同社は、毎日の収入と支出の傾向を見える化するだけでなく、家計や資産状況を分析してレポートを提供するなどして利便性を高め、月額課金制の有償サービスも提供しています。

アグリゲーションサービスを展開するためには、情報の提供元の協力が必要となります。たとえば価格比較サイトの価格.comは、すべての商品の価格情報を自ら収集しているわけではありません。同社では、100万点以上の商品をリストアップし、該当する商品を取り扱っているショップ事業者が、自社で売りたい製品を選んで価格情報を掲載するようにしています。そして、ショップ事業者からクリック数や販売実績に応じた手数料収入を得ています。つまり、

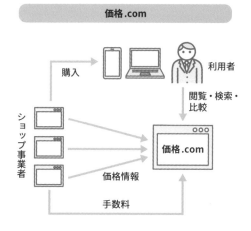

マネーフォワード

銀行・証券・クレジットカードなどの事業者

残高情報

マネーフォワード

情報

月額利用料

利用者

家計や資産状況の分析レポートを提供するなどして
月額課金制の有償サービスを提供

価格.com

購入

利用者

閲覧・検索・比較

ショップ事業者

価格.com

価格情報

手数料

ショップ事業者からクリック数や販売実績に応じた
手数料を得る

ショップ事業者にとっては、購買意欲が強く、価格に敏感な消費者にダイレクトにアピールできることがメリットであり、重要な広告宣伝手段となっているということです。有力なアグリゲーションサービスになれば多くの利用者が集まることから、提供元にとっても集客や訴求の重要なチャネルとなり、手数料を支払ってでも掲載したいと考えるわけです。

● 好みを選りすぐってくれるキュレーションサービス

　インターネットの世界では、Webサイト上の情報を収集してまとめたり、つなぎ合わせたりして新しい価値を持たせることを「キュレーション」と呼びます。これは、美術館や博物館、図書館の学芸員を意味する「キュレーター」（curator）から来ているといわれています。ネット上に氾濫する情報の中から、信頼できる情報、好みの商品、自分のライフスタイルに合ったサービスやメニューを選別することは容易ではありません。そうした中で生まれたサービスに、たとえばTwitterのつぶやきをまとめるTogetterや、検索サービスNAVERが提供する「NAVERまとめ」などがあり、これらによって、氾濫するインターネット上の情報を選別して受け取ることができます。

また、ネットショップには膨大な商品が掲載されているため、自分の知識だけでは選びきれないこともあります。そうした中で、目利きの書店員がおすすめの書籍を紹介してくれたり、スタイリストがコーディネートした洋服を月額料金でレンタルできたりするといった、専門家が選択を助けてくれるサービスも出てきています。たとえば、airCloset（エアークローゼット）では、自分の好みやサイズを登録すると、月額定額制でプロのスタイリストが選んだ洋服が毎回届きます。交換回数は無制限で、気に入った

服は買い取ることもできます。

キュレーションと先述のアグリゲーションサービスを組み合わせたビジネスモデルも考えられます。国内外90以上のメディアから経済ニュースを配信するNewsPicksは、ニュースを各業界の著名人や有識者が付けたコメントとともに読めるニュースアグリゲーションサイトですが、自分が気になる「企業名」や「業界」などのキーワードを設定したり、特定のユーザーをフォローしたりすることで、興味にマッチしたマイニュースを作成することができます **03** 。

03 キュレーションサービス

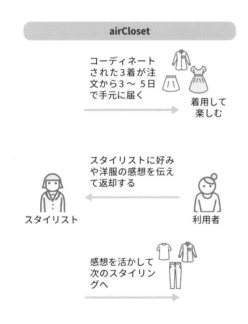

スタイリストがコーディネートしてくれて、回数を重ねるごとに、スタイリングの精度が上がる

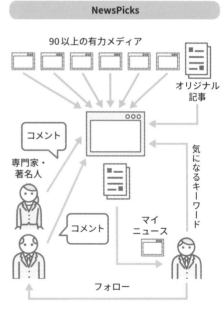

自分の関心に合ったニュースをフォローした専門家のコメント付きで読める

10 プラットフォーム戦略と エコシステムの重要性

すでに市場を席巻するプラットフォーマーが台頭し、
独自のエコシステムを構築して、優位性を高めています。
このような方策に見られる考え方を、どのように戦略に取り込むことができるでしょうか。

● エコシステムとプラットフォーマー

　「エコシステム」という言葉は、1930年代にイギリスの植物学者によって造り出されたもので、動植物が水や土壌などの環境と影響し合いながら暮らすコミュニティを指す用語として使われてきました。そして今では、この動植物の生態系を意味する言葉を比喩的に用い、企業などの緩やかな依存関係や協調関係よって形成される新たな価値連鎖構造を、エコシステムと呼ぶようになりました。広く知られる

ようになったきっかけは、ジェフリー・ムーアが、1993年にハーバード・ビジネス・レビュー誌に寄稿した論文の中で「成功するビジネスは孤立状態ではなく、資金や協力者、サプライヤー、顧客を引き付け、協調のネットワークをつくり上げる」と述べ、「エコシステム」という言葉を経済の世界に持ち込んだこととされています。

01 さまざまな分野で台頭するプラットフォーマー

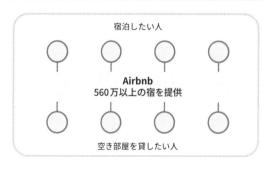

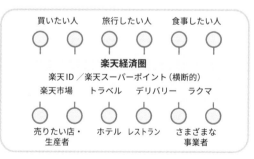

とくに、デジタルビジネスの世界では、企業やビジネスシステムが互いにつながり合うことで、より大きな価値を生み出すことから、エコシステムの構築が有効なビジネス戦略と考えらます。

　そして、デジタル時代のエコシステムの中核に位置する事業者がプラットフォーマーです。たとえば、Google PlayやApp Storeを提供するGoogleやAppleは、アプリケーションのダウンロードサービスにおけるプラットフォーマーです。宿泊仲介サイトのAirbnbは空き部屋を貸したい人とそこに宿泊したい人をつなぐマッチングプラットフォームですし、ネットショッピングの楽天市場やインターネット上でフリーマーケットを運営するメルカリは、買いたい人と売りたい人を結びつける取引プラットフォームです 01 。

　プラットフォーム戦略は、ビジネスや価値創造を行う「場」を提供するものであり、昨今のデジタルビジネスの分野だけでなく、以前から青果市場、ショッピングモール、家庭用ゲーム機、おサイフケータイなど、さまざまな分野で活用されてきた戦略といえます。しかし、デジタルビジネスの世界では、顧客同士がSNSなどで直接つながり合ったり、コミュニティを形成したりすることが頻繁に起こります。また、事業者同士が連携したり仲介者を介したりすることもあり、その構造が複雑かつ変化に富んでいることから、情報の連携がより重要となり、プラットフォーム戦略がより効力を発揮します 02 。

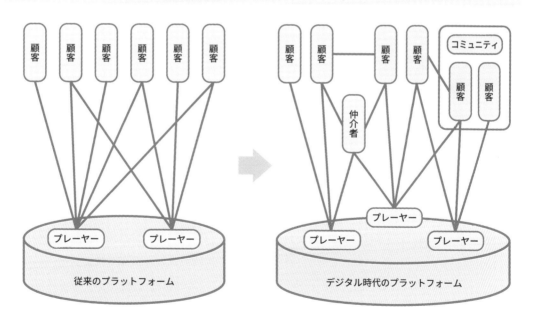

02 従来型とデジタル時代のプラットフォーム

顧客　顧客　顧客　顧客　顧客　顧客

プレーヤー　プレーヤー

従来のプラットフォーム

顧客　顧客　顧客　顧客　コミュニティ　顧客　顧客

仲介者

プレーヤー

プレーヤー　プレーヤー

デジタル時代のプラットフォーム

● プラットフォームの価値を高めるデータ分析

プラットフォーマーにとって優位性を維持・拡大するために重要な戦略は、プラットフォームに蓄積される大量のデータを分析することで、自社のマーケティング力の向上や関連事業の拡大を図り、その市場における支配力を増大させることです。さらに、分析結果をほかのプレーヤーや異業種のプレーヤーに有償販売する、データを活用して異なるカテゴリーへ進出するといった戦略によって、周辺領域に影響力を拡大する好循環を築くことです。これはすなわち、優位の源泉となるのはプラットフォーム上に蓄積されるデータであることを意味します。

まず、プラットフォーマーは、その分野に関心を持つユーザーやプラットフォームを活用してビジネスを展開しようとするプレーヤーを集めます。そこで有力なエコシステムが形成されれば、プラットフォームに膨大なデータが集積されるようになります。そうしたデータを分析することで、その分野のユーザーのニーズや動向をいち早く把握することができるのです。

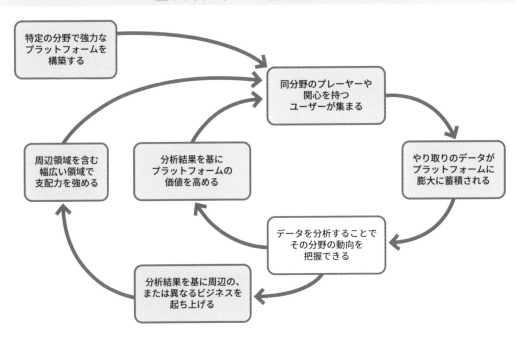

■ プラットフォーマーの優位性確立のサイクル

その結果、価値の高い情報やサービスを提供することができ、プラットフォーム自体の価値も高まります。さらに、分析結果を有償で提供するビジネスの展開もできるでしょうし、それを基に新たなビジネス分野に進出することも可能となります。料理レシピを紹介するCookpadのWebサイトには、よく閲覧される料理や、キーワード検索で組み合わせが多い食材などに関するデータが、日々大量に蓄積されます。同社は、こうした「食」に関するビッグデータの分析結果を食品メーカーなどに有償提供する「た

べみる」というサービスを開始しています。これこそまさに、プラットフォームに蓄積されたデータをほかのビジネスに活用した好例といえます。プラットフォーマーが、特定の分野でこのような支配力を持つようになると、その牙城を崩すことは極めて困難となります 03 。

GoogleやAmazonがプラットフォーマーとして支配力を強めてきたのは、検索や購買というユーザーの行動に関するデータをビジネス価値に変えてきたことの賜物といえます。

● 共創共栄とデータで勝ちパターンを築く

プラットフォーム戦略で成功を収めるには、まず多くの仲間を集めなければならなりません。そのためには、多数が集まりやすいようにプラットフォームをオープンなものにすることが望ましいわけです。スマホアプリ、コンテンツ・メディア、オンラインストレージなどを提供するデジタルビジネスの多くが、一定の利用までは無料というフリーミアム（「フリー」と「プレミアム」という料金モデルの2つの面を組み合わせた造語で、基本的なサービスや製品は無償で提供し、さらに高度な機能や特別な便益に対しては追加料金を課金する料金モデル）の収益モデルを採用しているのは、多くの仲間を集めることを第一の目的としているからです。

次に、集まった仲間（提供側と利用側の両方）に便益を与えつつ、自らの収益も増加させる共存共栄の状態を作り上げることが求められます。どちらか一方だけが得をする仕組みは長くは続きません。プラットフォームにメリットを感じればプレーヤーや顧客

はそこにとどまり、さまざまなやり取りを続けるはずです。

たとえば、オンラインショッピングサイトの出店者にとってのメリットは、集客力や売上増というビジネス効果ですし、利用者にとっては豊富な品揃えや選択肢の多様性がメリットとなります。

最終段階では、プラットフォームの参加者であるプレーヤーのビジネスや利用者の生活に深く入り込むことで、支配力を高めることが求められます。これこそが、プラットフォーム戦略の成功の鍵といえます。すなわち、このプラットフォームに参加していなければ、プレーヤーのビジネスが立ち行かないという状態や、利用者が不便や不利益を被ってしまうという状態を作り上げることを意味します。このような支配力を獲得できれば、参加者が定着し、それに引き寄せられてさらに仲間が増えるという好循環を作り上げることができます。

123

ユニークなビジネス創出の着眼点

3Cと4Pを変えてみる発想

ユニークなビジネスモデルを創出するには、これまでの常識や商慣習にとらわれない、大胆な発想が求められます。そのための着眼点として、企業戦略の立案やマーケティングのフレームワークで用いられる3C（顧客、競合、自社）および4P（商品、価格、プロモーション、流通）を変えてみる発想が有効です。たとえば、法人顧客だけが顧客だった事業を一般消費者にも展開するというのは、「顧客」を変える発想です。深夜タクシーの「競合」は深夜バスではなく、カプセルホテルかもしれませんし、24時間営業のネットカフェかもしれません。「自社」についても、市場における立ち位置を変えて発想してみると、新たなビジネス機会が見えてくるかもしれません。たとえば「出版業」という自社の事業を、「情報を広く伝搬する事業」という捉え方に変えれば、その媒体を紙の書籍や雑誌に限定す

る必然性はなくなります。

また、たとえば自動車を売るという事業を、移動をサービスとして提供するという事業に転換することは、「商品」を変えることを意味します。「価格」も固定的に捉えるべきではありません。フリーミアム、定額制、従量制などさまざまな形態がありますし、季節・曜日・時間帯・地域で料金を変動させるなど選択肢が広がっています。「プロモーション」についても、テレビCMなどのマスプロモーションからネット広告へのシフトが著しいことに加えて、SNSを活用した口コミなど、媒体やチャネルも多様化しています。「流通」では、専属代理店から複数商品を扱う保険ショップへシフトするなど、販売チャネルや中間流通も多様化しています。

このように、3C・4Pのうちの1つを変えることで、まったく新しい価値観を見出したり、顧客に新しい体験を提供したりできる可能性が出てきます。

顧客	商品	プロモーション
3C	4P	
自社　競合	価格	流通

Part.
4

DXに向けた組織カルチャーの変革

なぜ組織カルチャーの変革が求められるのか

DXを推進するための土台となるのが組織カルチャーです。
とくに、過去の成功体験を豊富に持つ大企業では、
デジタル時代に適合するために組織カルチャーの変革が不可欠です。

● 日本企業の DX推進に立ちはだかる壁

現代社会は、「VUCA（ブーカ）の時代」と呼ばれています。VUCAは、Volatility（変動性）、Uncertainty（不確実性）、Complexity（複雑性）、Ambiguity（曖昧性）の4つの特性を表しており、社会や経済を取り巻く環境が複雑性を増し、将来の予測が困難な状態を指しています。デジタル化は、このVUCAの度合いを増長させ、変化のスピードに拍車をかけており、社会システムや産業構造の急速な変化に追従できずに取り残される恐れが、どの業界にも横たわっています 01 。

日本の多くの企業、とりわけ伝統的な大企業は、1960年代から1990年までの高度成長期に、売上や規模を拡大させてきました。日本全体も、経済大国や先進国の地位を勝ち取ることを目標に掲げて努力してきました。「ジャパン・アズ・ナンバーワン」と称賛された昭和の後半の30年間に築き上げられた価値観や成功体験は、今なお多くの企業に深く根づいており、それが組織カルチャーとなって会社の隅々にまで染みわたっています。ビジネス環境が目まぐるしく変化する「VUCA＋デジタル」の時代には、この価値観と組織カルチャーが、大きな足かせとなるといわざるを得ません。

多くの企業がDXに取り組んでいますが、その推進が順風満帆といえる企業は必ずしも多くありません。DXが遅々として進まない、活動が社内に広がっていかない、定着せずに一過性の取り組みにとどまってしまう、という事態が多く見られます。そして、その根源的な理由の1つが組織カルチャーにあると考えられます。

組織カルチャーや意識の変容は、DXの推進においては技術そのものよりも重要であるものの、難易度が高く、多くの日本企業にとってネックとなっているのです。組織や制度を変えたり、技術を導入したりすることは、その気になればすぐにでも実行できます。しかし、全社員の意識や行動様式を変えたり、組織カルチャーを変容させ、それを根付かせたりす

Part.4

るには、長い時間と大きな労力を要します。また、経営者やさまざまな現場のスタッフを含む企業に属するすべての人々の価値観に大きな変容が求められることでもあります。

● なぜ、DXがうまく進まないのか

多くの企業で、DXを主体的に推進するための専門組織を設置する動きが活発化していますが、実際のDX施策の実行対象となる事業部門などの参加や協力が得られず、DX推進組織が孤軍奮闘する姿が散見されます。また、一度DX施策によって業務やビジネスを変革したとしても、長続きせず、元の状態に戻ってしまうという声も聞かれます。

このようにDXがうまく進まない大きな要因の1つは、組織カルチャーの根底にある「変化に対する人の抵抗」です。変化に対する抵抗は、「今のままでもうまくいっている」、「変化の必要性を感じない」といった「現状肯定」と、「ITやデジタル化についていけない」、「自分の立場や仕事を失ってしまうかもしれない」という「将来不安」から形成されています。このような従業員一人ひとりの心の中にある「現状肯定」や「将来不安」を打破することができなければ、いか

に経営者が旗を振り、DX推進者が奮闘しても、会社全体を突き動かすことはできません **02** 。

過去に下した決定や経験した出来事によって、その後の決定が方向づけられてしまうことを、社会科学や経済学では「経路依存性」（path dependence）と呼びます。過去の現象が、現在でも物事を規定していると無意識のうちに理解しようとしたり、過去の現象がもはや現在の状況や制度に適合しないとわかっているにもかかわらず行動を変えられなかったりする状態を表しています。多くの企業で見られるDX推進の停滞の原因の多くは、まさに経路依存性の罠にはまっていることによるものと考えられます。若手時代に高度成長期を支えた経営者層の価値観が、中堅層の行動様式を方向づけ、中堅層を見て育つ若者にもそれが伝播することで、組織カルチャーが形成されているといえます。

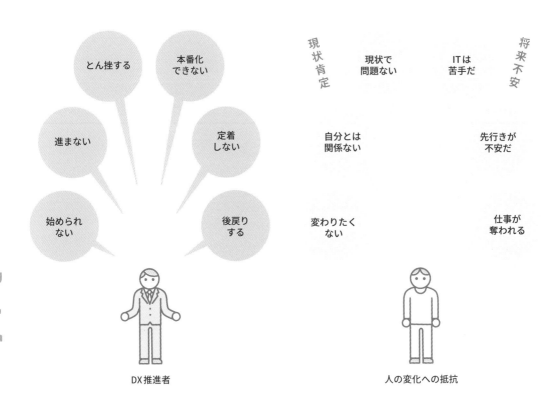

現状肯定　現状で問題ない　ITは苦手だ　将来不安

自分とは関係ない　　先行きが不安だ

変わりたくない　　仕事が奪われる

DX推進者　　　　　　　人の変化への抵抗

● 組織カルチャーが DX 推進の土台となる

　デジタルは今後「手段」から「前提」に変わり、DXの本質は「デジタル"で"企業を変革する」のではなく、「デジタル"に"適合した企業に丸ごと生まれ変わらせる」ことになると、P.37で述べました。それは、働き方や社内の業務プロセス、意思決定や組織運営の方法、顧客との取引や接点、ビジネスモデルなどあらゆ

る枠組みが、デジタルを前提として組み立てられている企業になることを意味します。そして、その姿を獲得し、維持していくためには、デジタルに適合した組織カルチャーを手に入れることが求められます。その組織カルチャーが DX 推進の土台となるということです。

『両利きの組織をつくる』（加藤雅則ほか著、英治出版）には、「『組織カルチャー』とは、企業理念や価値観・社風といった概念のことではない。具体的な『仕事のやり方』のことである。その組織で観察される特有の『行動パターン』であり、行動を規定している『組織規範』を反映しているものだ。『仕事の作法』とも言えよう」と記されています。すなわち、デジタル時代の組織カルチャーとは、デジタルを前提とした人々の行動パターンと、それを規定する組織規範を意味します。

単に組織を改編したり、制度を作ったり、権限を付与するために社内規定を変更したりするといった表面上の社内環境の整備だけで、組織カルチャーを変えることはできません。経営者から現場のスタッフ一人ひとりに至るまで、すべての人が変革の必要性を理解し、しっかりと腹落ちするまで議論を深めることで、「人の変化に対する抵抗」を取り除いていかなければ、組織カルチャーを変革することはできないのです 03 。

03 DX推進の土台となる組織カルチャー

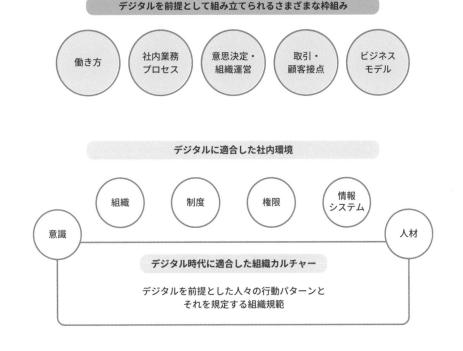

デジタルを前提として組み立てられるさまざまな枠組み

働き方／社内業務プロセス／意思決定・組織運営／取引・顧客接点／ビジネスモデル

デジタルに適合した社内環境

組織／制度／権限／情報システム

意識　人材

デジタル時代に適合した組織カルチャー

デジタルを前提とした人々の行動パターンとそれを規定する組織規範

129

2 日本企業に見られがちな 旧来型の組織カルチャー

会社で見られる何気ない場面にも組織カルチャーが映し出されています。
また、組織の同質性や制度が組織カルチャーに影響を及ぼしており、
DXの推進を阻害していることも見逃せません。

● DXを阻害する典型的な組織カルチャー

「自社の常識が他社では非常識」といわれるように、会社での日常の何気ない営みに組織カルチャーは映し出されます。そしてこれが旧来型の組織カルチャーであると、DXの推進が阻害されかねません。とくに、新卒一括採用中心で転職経験のない従業員が多い企業では、他社や社会の常識を知らないまま、旧来の会社の常識が刷り込まれていく傾向が強いため、注意が必要です。

たとえば会議では、「上位者が発言しないと誰も発言しない」という現象がよく見られます。会議内で最も職位の高い人が最初に発言し、次いで役職順に発言するという暗黙のルールです。こうした常識は、若手が自由に発言する機会を奪い、忖度を重んじたり、指示待ちの姿勢を促したりする結果をもたらします。また、社内で名前を呼ぶ際に、「山田専務」や「田中部長」のように役職を付けて呼ぶ習慣がある会社も少なくありません。これは、ピラミッド型の階層組織における上下関係と年功序列時代の権威主義の名

残りといえます。このような会社であるほど、パートナーや取引先を下請け業者扱いする傾向が強く、他社との協調や共創がうまくいかないケースが目立ちます。「研修への参加者は必ず上司が指名して決める」というのも、個人の自主性や主体性を損なうことにつながります。

「何を話したかでなく、誰が話したかが重要視される」という風潮も見られます。これにより、内容やデータに基づく客観的な事実よりも、肩書や発言力の方が優先されてしまい、誤った判断に至ったり、柔軟な軌道修正ができない事態を招いたりします。また、何事かを始めようとするときに、必ず前例・事例を求める傾向も見られます。先駆者から学ぶことは悪いことではありませんが、前例や成功事例がなければ挑戦しないというのは、DXのような不確実性の高い取り組みにおいては本末転倒といわざるを得ません。

このように、自社では当たり前のように行われていることの中にも、旧来型の組織カルチャーに縛ら

上位者が発言しないと
誰も発言しない

社内で名前に
役職を付けて呼ぶ

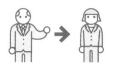

研修への参加者は
上司が指名して決める

何を話したかでなく、
誰が話したかが重要視される

何か始めるときに
事例・前例を求められる

れて、変革の推進を妨げている要因があることに注　意しなければなりません 01 。

● 組織カルチャーに影響を及ぼす社内制度

　企業には、さまざまな社内規定や制度があります。それらは、企業を適正に統治し、従来の事業を円滑に推進するために作られてきたものですが、これらがDXの推進において、必ずしも有効であるとは限りません。

　たとえば、人事評価制度も組織カルチャーに大きな影響を及ぼします。成功しなければ評価されず、失敗するとマイナスの評価となってしまうような人事評価の考え方では、新しいことに挑戦する人はいなくなってしまいます。DXへの取り組みは、決まったことを粛々と遂行することではないため、すべてが成功するとは限りません。失敗を許容し、失敗から学ぶことができる制度に変えていかなければなりません。

　一方、新しい制度を取り入れることで、組織カルチャーが次第に変容していくこともあります。人材やアイデアを社内から広く集める社内公募制度や提案制度などが有効な場合もあります。また、AIなどの先進技術の専門家を採用しやすくしたり、社内の専門的人材が流出したりしないようにエキスパート職を処遇する制度を取り入れたり、挑戦する人材のモチベーションを向上させるための報奨制度などを新設したりするような例も見られます。昨今では、副業・兼業を推奨することで社員が社外の経験を本業に活かせるようにしたり、場所や時間に縛られない自由度の高い働き方を許容することで、社員の自主性や自己管理能力の向上を期待したりする企業も増えています。

DXを促進させる新制度の採用	DXを阻害する既存制度の緩和
● 社内インキュベーション制度 ● 社内公募制度 ● アイデア提案制度 ● エキスパート職制度 ● 報奨制度	● 人事評価制度 ● 個人の業績・目標管理 ● 取引・購買規定 ● 就業規則 ● 就労・勤務形態

一定の規模の組織を運営するうえで制度は必要なものではありますが、企業が大きく変わろうとしているのに、制度だけが変えられない硬直化したものであっては、経路依存性の罠にはまっているといわざるを得ません。デジタルに適合する組織カルチャーを手に入れるには、DXを促進させる制度を新規に採用することと、阻害する既存社内制度を緩和することの両面からの変革が求められます 02 。

● 日本企業の特徴である同質性の問題

日本企業の特徴の1つに同質性の高さがあります。基本的に新卒一括採用で入社した正社員が中心メンバーであり、役員クラスまで昇進する人のほぼすべてが生え抜きの社員、しかも50歳以上の日本人男性という企業がほとんどです。もちろん、若ければ良い、女性であれば良い、外国人であれば良い、中途入社であれば良いということではありませんが、中核を担う人材のプロファイルがあまりにも似通っており、ダイバーシティが欠如していることは、デジタル時代においては欠点として捉えられるでしょう。同質性は、大量生産時代の事業モデルには非常に適合していました。しかし、不確実性と変化の著しいビジネス環境においては、間違いを犯しやすく、またそれに気付きにくく、さらに修正が困難となる傾向が強まります。

新規事業がうまく立ち上がらない、M&Aや企業合

併で失敗が多い、ベンチャー企業との協業が進まない、といった問題の多くは同質性が阻害要因となっており、異質な考え方や慣行を受け入れないことに起因する部分が少なからず存在します。取締役会に占める社外取締役の実質的な関与度の低さも、日本企業の同質性を反映しています。「実質的な」とあえて記したのは、社外取締役を選任している企業の割合と、実際の社外取締役の人数は増加傾向にあるものの、多くの企業では形式的に社外取締役を置いているだけで、経営や企業統治への関与度が低いと考えるからです。つまり、何をやるにしてもこれまで自分たちの慣れ親しんだルールに固執しがちであり、社外の異質なものを拒絶する傾向が強いことを意味します 03 。

03 同質性の高さが組織カルチャーを特徴づける

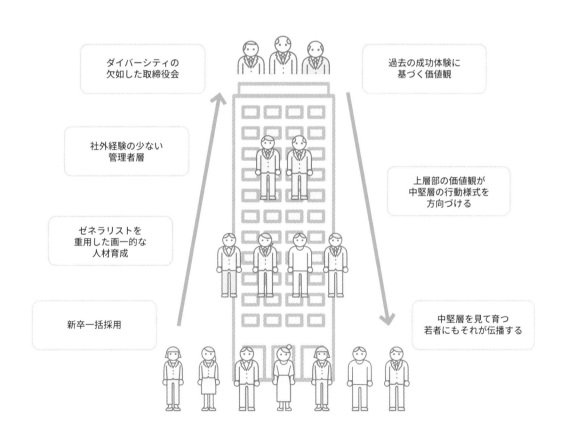

ダイバーシティの
欠如した取締役会

過去の成功体験に
基づく価値観

社外経験の少ない
管理者層

上層部の価値観が
中堅層の行動様式を
方向づける

ゼネラリストを
重用した画一的な
人材育成

新卒一括採用

中堅層を見て育つ
若者にもそれが伝播する

3 人材の多様化と 組織のトライブ化は避けられない

少子高齢化による就労人口の減少に伴って、多様な人材の活用が求められます。
また、組織はこれまでの固定的なものから、トライブ化したものになっていきます。
人材の多様化と組織のトライブ化に対応した柔軟性を備えた組織運営が求められます。

● 否応なしに進む人材の多様化

今後、少子高齢化によって日本人の就労人口が減少することが懸念されていますが、企業は人材の不足を補うために、高齢者、結婚・出産後の女性、外国人などの雇用を促進すると考えられます。就労者の

ダイバーシティが進行するに従って、多様な雇用形態や就労形態に対応した職務環境を提供することが求められるようになるでしょう。パートタイムの就労者や期間雇用の契約社員といった多様な雇用形態

01 多様化する人材と求められる柔軟な組織運営

人材の多様化への対応
- リタイア後の高齢者
- 結婚・出産後の女性
- 中途採用者
- 外国人　など

多様な就労形態への対応
- 在宅勤務／テレワーク
- 非常勤／時短勤務
- 期間雇用／パートタイマー
- 副業・兼業の許可　など

制度や組織運営の整備
- 働き方、契約、評価、報酬などの制度
- 職場環境やコラボレーション環境
- 多様性を受容する組織カルチャー

が浸透するだけでなく、在宅勤務、非常勤、副業・兼業といった自由度の高いワークスタイルもより一般的になっていくでしょう。また、そのような働き方が提供できなければ、優秀な人材を集めることがますます困難になっていくと考えられます。

一方、デジタルを前提としたビジネスにおいては、事業や業務のすべてを、従来のように社内の固定的な組織だけで完結して遂行することは多くありません。他社との協業や業務提携、企業や業種の枠を超えたエコシステムの構築、アウトソーシング、合弁、吸収合併などによって、事業や業務を実現していく割合が増加します。これらを円滑に進めるには、P.132で述べた制度の緩和や整備に加え、場所や組織を問わない協調的な業務が遂行できる職場環境やコラボレーションの仕組みが必要となります。また、同質性の問題を克服し、多様性を受容する組織カルチャーも欠かすことができません **01** 。

● トライブ化する組織とは

今後、組織は「トライブ化」していくと予想されます。「トライブ」とは、もともとは「部族」を意味し、何らかの共通の興味や目的を持ち、互いにコミュニケーションの手段があることで緩やかにつながっている集団を指します（『トライブ〜新しい"組織"の未来形』セス・ゴーディン著、講談社）。一般社会や消費者市場では、デジタル化の進展に呼応してすでにトライブ化が始まっています。これまでは相互につながりを持たなかった人々が、インターネットやSNSなどを通じて自由につながり始めており、そのつながりは大きな力を持ち始めています。このようなトライブ化の流れは、企業組織にも波及しつつあります。これまでの組織は、基本的にピラミッド型の階層構造で成り立っており、情報の流れは上意下達、意思決定はトップダウン型、上位と下位の情報格差が大きい、ほかの組織は見えない、といった特徴を持っていました。成熟した事業を円滑かつ安定的に運営するには、この構造が向いていたといえます。

一方、トライブ化が進行した企業組織は、所属するメンバーが固定的でない、情報の流れや指揮命令系統がいわゆる上意下達ではなく対等で縦横無尽である、部署や会社という枠を超えた協調や交流が実現されている、といった特徴を持ちます。そうした組織で遂行される業務（主に知的業務）は、社内外を問わずそれぞれの得意領域を持ったメンバーによって組まれたチームでプロジェクト型で遂行され、成果が分配されるようになるでしょう。その結果として企業と個人の関係は、「雇用と就労」から「場の提供と貢献」に変わります。

つまり会社は、目的やビジョンを共有した個人が、集って成果を出すための環境を提供し、集った個人は、その目的やビジョンのために仕事をすることで貢献し、成果に見合った報酬を得る、ということです。在宅勤務や兼業・副業を推進しようとする際に、現行の勤怠管理や人事評価の仕組み、従来の指揮命令系統や職務権限の考え方がそれを阻むことがありますが、多様な人材が貢献するトライブ化した組織では、そのような問題を気にする必要はありません **02** 。

135

これまでのピラミッド型組織

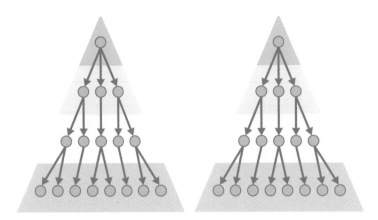

● 情報の流れは上意下達
● 意思決定はトップダウン型
● 情報格差が大きい
● ほかの組織は見えない

トライブ化

未来のトライブ化した組織

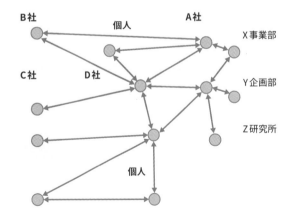

● 情報の流れは縦横無尽
● ハブとなる人はいるが意思決定は全員参加型
● 情報格差はない
● すべての組織が論理的に対等で透明性が高い

Part. 4

● 柔軟な組織運営に不可欠な権限と活動の自由度

「DXを推進したいが予算権限を持っていないため、なかなか始められない」、「契約や購買のプロセスが厳格で、DX推進のスピードや自由度が阻害される」といった声が聞かれます。権限は、組織や制度と深い関わりを持っており、業務分掌や社内規定などの制度によって定められた権限が与えられています。しかし、DXの推進においては従来の業務分掌や権限規定が、意思決定のスピードや活動の自由度を阻害することがあります。

従来型の組織では、権限は上位に集中していることが一般的ですが、ビジネスの創出やDXの推進においては、多様性を持った人材やトライブ化したチームが自律的に動くことが求められることから、権限を中位や下位に委譲し、分散させることが有効となります。外部と連携・協調してDX施策に取り組む際や、事業部門などの他部門を巻き込む際にも、活動の

自由度と組織を動かす権限が必要となります。

権限の中でも、投資や予算執行などお金に関する権限はとくに重要です。昨今のAI、IoTなどのデジタル技術の活用やデジタルビジネス創出に向けた投資は、すぐに効果が現れなかったり、確実にリターンが得られなかったりします。ある意味、未知への挑戦であり、不確実な取り組みへの投資となるため、そもそもROI（投資対効果）や投資回収という考え方がそぐわない一面があります。また、社内の稟議ルールに則っていてはDXに重要なリーンスタートアップ（P.81参照）のサイクルを回すことが困難となったり、柔軟な軌道修正が行えなかったりすることが問題となります。そのため、こうしたDX施策への投資には、従来の予算権限や稟議・承認プロセスではない、異なる考え方が必要になります 03 。

03 柔軟な組織運営に不可欠な権限委譲

予算の確保・執行・管理

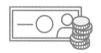

稟議・承認の決裁者とプロセス

外部との連携における自由度

社内の組織権限と指揮命令系統

デジタルに適合する 組織カルチャーの要件

DX推進の土台となる組織カルチャーの変革は重要ですが、
企業はどこを目指して変革していけば良いのでしょうか。
デジタル時代に適合する組織カルチャーには6つの要件があります。

● 組織カルチャーの6つの要件

デジタル"に"適合した企業に丸ごと生まれ変わらせることがDXの本質であるとすれば、その姿を獲得し、維持していくためには、その土台として組織カルチャーをデジタルに適合したものに変容させていかなければなりません。つまり、これまでに述べた旧来型の組織カルチャーから脱却し、制度や権限を変革しながら新たな価値観を企業全体に浸透させていくことが求められます。デジタル時代の組織カルチャーとは、デジタルを前提とした人々の行動パターンとそれを規定する組織規範であり、その要件は、以

下の6点に集約されます。

① DXの本質と変革の必要性が理解されている
②創造的な活動が自由に行えて、それが支持される
③すべての意思決定がファクトに基づいて行われる
④人材の多様性と組織のトライブ化に対応できている
⑤個人の組織への貢献が可視化され、正当な報奨が与えられる
⑥リスクが許容され、失敗から学習できる

● DXの本質と変革の必要性が理解されている

デジタル時代の組織カルチャーを手に入れるには、まず、経営者を含む誰もがDXの本質と変革の必要性を理解していなければなりません。国内企業には「ITやテクノロジーは苦手だ」、「担当者に任せている」という経営者が少なくありません。また、ビジネス

の最前線にいる営業部門や事業部門にも、テクノロジーの活用を他人事と捉えているスタッフが存在します。経営者や現場スタッフは、ITやデジタル技術の専門家や担当者ではないので、実務上の詳細な知識が必要なわけではありません。しかし、デジタル

DXの本質	● 社会や経済は、これからどのように変わっていくのか？ ● デジタルが浸透した社会とはどのようなものか？ ● 自社にとってDXとは本質的に何を意味するのか？
DXの必要性	● 自社にとってDXは本当に必要なのか？ ● DXを進めなければ自社はどうなるのか？ ● 自社にとってディスラプター（破壊者）は誰なのか？
DXで目指す姿	● DXによって自社はどのような企業を目指すのか？ ● 目指す姿となるために、何が足りないのか？ ● 自社の何を残して、何を捨てる（変える）のか？

化がもたらす本質的な価値と無限に広がる可能性については、誰もが理解していなければなりません。

　まずは、なぜDXが必要なのか、自社がDXによって目指すべき先はどこなのかを、組織の階層を問わず全員が腹落ちするまで議論し、「思い」を共有することが求められます 01 。

　デジタルが浸透した世界では、DX推進部門やITの担当者だけでなく、誰もがデジタルを前提にビジネスや業務のあり方を考えなければならないため、組織全体のデジタル感度を向上させることが重要です。国や業種を問わずデジタルを駆使したビジネスを推進している先進的な企業や、デジタルによって業務や組織運営を変革している企業から学ぶことが重要です。とくにこれからは、同業他社だけでなく異業種や新興企業の動きにも注目することが求められます。

● 創造的な活動が自由に行えて、それが支持される

　誰もがテクノロジーの価値と可能性を理解したうえで、デジタル技術の活用を前提にビジネスや業務のあり方を考え、新たなビジネスを創出したり、業務を抜本的に変革したりしていくためには、日常の業務に埋没することなく、新たな価値の創出のために何らかの行動を起こすことが必要です。そして、それは誰かからの指示や命令によってではなく、自発的に行われることが望ましいといえます。

　このような創造的な活動を自由に行うことができ、経営者や周囲の人たちからも支持され、協力を得ることができ、そしてそのような活動の成果が称賛されるような環境を持つことが求められます。また、それを実現するためには、自分で時間をコントロールする権限、予算を執行できる権限、組織や人的リソースを動かす権限などが、一定の範囲内で委譲されている必要があります 02 。

Section 4　デジタルに適合する組織カルチャーの要件

139

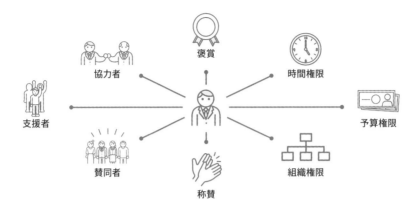

協力者　褒賞　時間権限　支援者　予算権限　賛同者　組織権限　称賛

Part.4

　Googleや Amazonのようなデジタルネイティブ企業は、まさにこれを実践しています。たとえば、Googleの社員が業務時間の2割を個人的にやりたい仕事にあてることができる「20%ルール」は有名です。また、1人1回175ドルまで社員が社員にボーナスを支給できる「gサンクス」制度は、従業員一人ひとりが主体的に動くことを促進する役割を果たしています。

● すべての意思決定がファクトに基づいて行われる

　意思決定のあり方——すなわち誰が、どのような情報をもとに、どのようなプロセスを経て意思決定するかは、組織カルチャーを左右する重要な要素の1つです。日々テクノロジーが進化し、ビジネスの状況が目まぐるしく変わる時代において、組織における意思決定にはこれまでにないほどスピードが求められています。このような状況下で、迅速かつ適正な判断を下すためには、客観的なデータに基づく議論が重要となります。

　そのようなマネジメントはデータドリブン経営などと呼ばれていますが、これを実現するためには、すべてのファクト（データ）が全社員から同一かつ透明に見えなければなりません。業績や成果を示す売上やコストなどの過去の定量的データだけでなく、それらの先行指標となるあらゆる業務活動の進捗や経過、今後を左右する市場や顧客の状況を含む外部環境に関する情報などがリアルタイムに収集され、可視化されていることが求められます。

　どの階層でも現在の状況（最新の詳細データ）や先行指標を参照でき、即時に意思決定がなされて、即座に実行されなければなりません 03 。

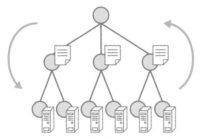

これまでの意思決定

オペレーションの結果（過去データの集計）を
上位に報告し、それを基に意思決定がなされ
て、下位に指示が下される

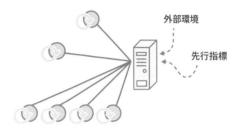

これからの意思決定

外部環境

先行指標

どの階層でも現在の状況（最新の詳細データ）
や先行指標を参照し、即時に意思決定がなさ
れて、即座に実行される

● 人材の多様性と組織のトライブ化に対応できている

トライブ化した組織では、資金、設備、人材などを
メンバーが持ち寄ったり、その都度調達したりしま
す。メンバーの関係も、上司と部下や発注者と受注
者という関係ではなく、起案者と協力者であったり、
共同出資者や共同事業体であったりするでしょう。
企業は、こうした人材の多様性と組織のトライブ化
に対応できなければなりません。そのためには、自
社で持つべきコアの能力と外部の力を借りるべき能
力を峻別し、自前主義と脱自前主義のメリハリを付
けた組織運営をしていかなければなりません 04 。

これまで国内の大企業は、自社で生産設備や販売
網を持つなど、自前で強みを構築してきました。他
社と連携を組む場合でも、系列などにより強固な垂
直統合を指向してきたといえます。しかし、外部と
協調的なトライブ型組織を運営していくには、まず
捨てるものと残すものを明確に示すことが求められ

ます。そして、そのためには自社のコアとなる領域
をゼロベースで見つめ直す必要があります。その際
に、結果として強みとなった能力が、本質的なコア
であるかどうか問い直すことが重要です。たとえば、
大量生産大量消費を前提に全国に張り巡らした販売
網が、既存事業にとっては大きな強みであったとし
ても、それが新規の取り組みにとっては逆に足かせ
となることがあるということです。今や巨大企業と
なったAmazonでも、自前主義と、大胆に外部を活
用する脱自前主義を巧妙に組み合わせた戦略を展開
しています。これは人材の多様化と組織のトライブ
化を前提として、他社を巻き込むことのメリットと、
他社に依存することのリスク、自前で持つことのメ
リットとデメリットを天秤にかけ、柔軟に組織を運
営しているからにほかなりません。

多様なパートナーとの連携
大学、研究機関、競合企業、
異業種企業、個人事業主　など

多様な協業形態の対応
業務提携、共同事業、アウトソーシング、
資本提携、合併　など

人材　専門知識

資金　自前　脱自前　設備

● 個人の組織への貢献が可視化され、正当な報奨が与えられる

　人材が多様化し、組織がトライブ化するに従って、従業員の在籍、所属組織、場所などがより流動的なものとなります。それにより、組織に対する帰属意識や、評価と報酬に対する考え方にも変化が生じることでしょう。企業と個人は「雇用主と就労者」という関係ではなく、ビジョンと目的を共有し、約束事に基づいた緩やかな共同体のような関係になっていきます。企業は、個人に対して成長や挑戦の場と機会を提供し、個人は、顧客や組織内の他者に対して何らかの貢献を果たすことで報酬を得ることとなります。いう

までもなく、報酬は就労していた時間に対して支払われるものではなく、貢献の度合いで評価されることとなります。

　Googleでは「報酬は不公平に」という原則に基づき、ほぼすべての職位で報酬の差が3〜5倍になることが珍しくないといいます。そして貢献に報いるためには、個人の貢献の度合いを可視化する必要があります。GoogleやFacebookで採用されているOKR（Objectives and Key Results）はその1つの方法です 05 。

05 個人の貢献の度合いを可視化するOKR

	従来のKPIによる管理	OKR
目的	目標を達成するためのプロセスをチェックする	目標を全社的に共有し、コミュニケーションを活発化させる
運用・共有の範囲	プロジェクトや部門単位	経営者を含む全社員
レビュー頻度	プロジェクトごとに設定（年1回など）	月1回〜四半期に1回
目標の難易度	100%の達成を前提とした目標	60〜70%達成できるやや困難な目標
活用場面	個人やチームの活動を管理し、評価する	目標達成に向けて協力・相互支援する

OKRでは、定性的な目標（Objectives）と定量的に測定できる主要な成果（Key Results）を設定し、1カ月から四半期程度の短いサイクルでその達成度を評価します。またOKRでは、やや難易度の高い目標を設定します。つまり、従来のKPIが人の管理や評価のために活用されるものであるのに対して、OKRはイノベーションのような挑戦的な取り組みに対して、人材を鼓舞し、必要な協力や相互支援を促すものなのです。

● リスクが許容され、失敗から学習できる

リスクを取って新しいことにチャレンジするためには、失敗に重きを置く文化も重要であり、リスクの捉え方も組織カルチャーの重要な要素です。従来の企業では、ほとんどのプロジェクトは成功させなければならないと考え、そのために綿密な計画を立て、実現性や効果について事前に十分に審議します。もちろん、計画時点でリスク要因を考慮しますが、それは失敗するリスクを最小限に抑えるためです。そのため、往々にして不確実性が高い領域にはチャレンジせず、リスクが大きそうなプロジェクトは実施しないという判断が下されます。結果として、経験豊富な領域に集中投資する傾向が強まります。

しかし、不確実性の高いビジネス環境で、新しい取り組みにチャレンジするには、行動するリスクと行動しないリスクとを比較し、ポートフォリオで管理しなければなりません。ポートフォリオ管理とは、1つひとつの案件を個別に評価するのではなく、その集合でのバランスを考慮に入れて検討し、合理的な取捨選択や優先順位を導き出して、最適な意思決定を図るマネジメント手法のことです 06 。したがって、成功するプロジェクトは全体の2割、失敗するものは8割などと想定して、未知の領域に分散投資することもあります。失敗したら、その失敗から早く立ち直り、それをもとに学習すれば良いのです。

06 リスクに対するポートフォリオ管理

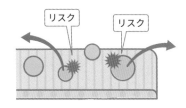

従来の企業では、案件ごとにリスクを評価し、不確実性が高い領域にはチャレンジせず、リスクが大きそうなプロジェクトは実施しない

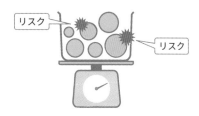

ポートフォリオ管理では、1つ1つの案件ではなく、集合でのバランスを考慮に入れて検討し、合理的な取捨選択や優先順位設定を行う

5 組織カルチャーの変革に有効な 4つの施策

組織カルチャーを変革し、それを定着させるアプローチとしては、
会社のさまざまな仕組みを変えることが有効です。
具体的には、意識、組織、意思決定、人材に関する4つの施策が考えられます。

● テクノロジーを日常と感じられるような環境を企業内に作る

組織カルチャーが「仕事のやり方」であるとするならば、それを変えるためには「仕事のやり方」を支える仕組みを変えることが有効なアプローチとなるはずです。企業の仕組みを、デジタルを前提としたものに抜本的に変更するには、意識・組織・意思決定・人材に関する4つの施策が考えられます。

まずは、意識に関する施策から考えてみましょう。デジタルな組織カルチャーを手に入れるためには、まず経営者を含む全社員の意識を変革し、デジタル技術に対する感度を高めなければなりません。そのためには、一人ひとりが生活や仕事の中で自己啓発的にデジタル技術に向き合うことだけでなく、デジタルの本質的な価値と無限に広がる可能性を理解するための機会や場を提供する仕掛けづくりも必要となります。

一般的に、人は日常的に目にし、触れているものには順応します。たとえば、ほとんどの人がICカードにお金をチャージして、駅の改札を当たり前のよう

に通過しています。このようにテクノロジーは、環境といえるほど浸透していれば、誰もが意識することなく活用し、恩恵を受けることができます。

つまり、テクノロジーを日常と感じられるような環境を企業内に作ることが、全社員のデジタル感度を高める早道となります。デジタルを組織カルチャーといえる程度まで浸透させた企業では、組織内の不合理なプロセスが徹底的に排除され、地理的に離れていても協働できる環境が整っています。手書きや紙ベースの書類、手作業、目視、対面など、物理的な業務をテクノロジーによってすべて置き換え、電子化、仮想化、自動化することができれば、企業内の業務プロセスは再定義され、それを前提に再構築されるはずです **01** 。もちろん、接客、運送、組み立て作業など物理的な業務が必要な場面もあり、すべてをデジタル化できるわけではありません。しかし、デジタルを前提に発想すればそれらを最小限にすることは可能です。現代のテクノロジーをもってすれば、

アナログの世界		デジタルの世界	
紙ベース／口頭		音声認識／動画	
手作業／手入力		ロボットアーム／ソフトウェア・ロボット	
目視／体感		画像認識／AR／VR	
対面／会議		オンライン会議／オンラインチャット	

時差や一部の体感以外のリアル世界のほとんどの事象は、バーチャルで再現できるのです。

● 既存の組織と新規の組織を段階的に融合させる

既存企業が新規事業を生み出し、育てていくためには、既存の組織と新規の組織の距離感をうまくコントロールしながら、最終的には融合させていくという、組織の段階的な進化が必要となります。『ストラテジック・イノベーション』（ビジャイ・ゴビンダラジャンほか著、翔泳社）には、既存企業が新規事業を成長させるためには「忘却」、「借用」、「学習」の3つの課題を克服しなければならないと記されています。

忘却

既存の組織はこれまでの成功体験や慣習に縛られがちですが、新規事業を興すうえでそれが弊害となることもあります。新規の組織は、既存の事業定義や戦略だけでなく、過去の成功体験や勝因もいったん忘れることが重要です。

借用

俊敏で新しい組織文化を最初から具備するベンチャー企業に対して、既存企業の新規事業が唯一優位といえる点は、既存組織に蓄積された経営資源やノウハウを借りることができる点です。ただし、忘却と借用を両立させるには、絶妙な距離感が必要となります。

145

学習

新規事業において成功をつかむためには、事業成果の予測精度を高めることが重要となります。実験的自己学習をくり返し、予測精度を高め、新しい世界での成功の法則を導き出さなければなりません。

02 既存と新規の組織の段階的融合のステップ

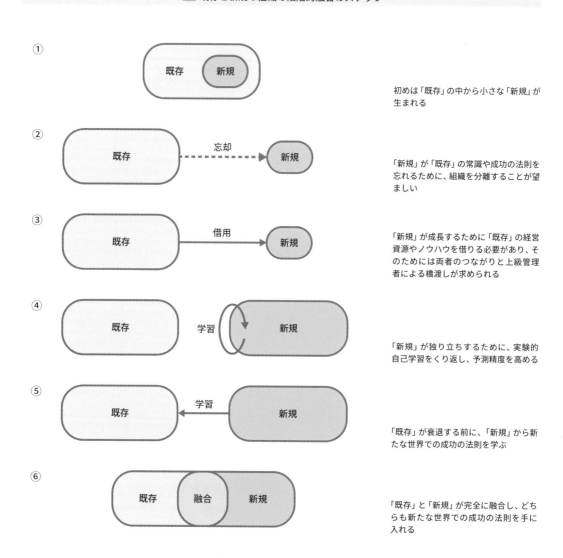

① 初めは「既存」の中から小さな「新規」が生まれる

② 「新規」が「既存」の常識や成功の法則を忘れるために、組織を分離することが望ましい

③ 「新規」が成長するために「既存」の経営資源やノウハウを借りる必要があり、そのためには両者のつながりと上級管理者による橋渡しが求められる

④ 「新規」が独り立ちするために、実験的自己学習をくり返し、予測精度を高める

⑤ 「既存」が衰退する前に、「新規」から新たな世界での成功の法則を学ぶ

⑥ 「既存」と「新規」が完全に融合し、どちらも新たな世界での成功の法則を手に入れる

Part. 4

既存企業が新規事業を生み出し、育て、両立を図っていくには、少なくとも「忘却」「借用」「学習」の順でその壁を超えていかなければならず、場合によってはそのサイクルを何度かくり返す必要があります。最終的に目指すべきは、<u>既存事業を営む組織も、新規</u><u>組織から新たな世界での成功の法則を学び取り、会社全体として「継続的変化」ができる企業の姿です。</u>これを踏まえると、組織形態の変遷として `02` の①から⑥までのステップが考えられます。

● 意思決定のメカニズムを変革する

組織カルチャーの重要な要素の1つは組織としての意思決定のメカニズムですが、企業の意思決定には大きく2つのタイプがあります。1つは事業上の新規施策への取り組みや投資を伴う大きな意思決定であり、もう1つは日々の事業活動の現場で行われている小さな意思決定です。<u>これらに対する判断はこれまで会議や管理者の頭の中で下されていましたが、今後はデータとデジタル技術を駆使した方法に転換すること</u>が求められます。組織のトライブ化が進むと、従来のピラミッド型の組織階層や指揮命令系統が崩れ、意思決定の手法やプロセスにも高度化が要求されます `03` 。

まずは、事業戦略や新規投資のような大きな判断を要する案件における意思決定について考えてみましょう。ヨーク大学名誉教授のドナルド・トンプソン氏が提唱したもので、経営や事業における意思決定プロセスに、株式市場のような市場原理を取り入れた手法を、<u>「予測市場」</u>と呼んでいます（『普通の人たちを予言者に変える「予測市場」という新戦略』ドナルド・トンプソン著、ダイヤモンド社）。この手法では、経営者や一部の専門家が将来を決定するのではなく、すべての従業員が投資案件やアイデアを社内の仮想的な市場に起案します。そして、その事案を誰もが売買できるようにすることで、市場原理に基づく意思決定がなされるというものです。

予測市場を取り入れた組織では、トップダウン型でなく、<u>現場を知るメンバーの意見を反映したオープンな意思決定が主流となり、株価や市況が変動するように、常に軌道修正を重ねながら戦略や戦術が遂行されます。</u>とくに、事業戦略、新規投資、業務変革といった大きな判断を要し、リスクを伴うような意思決定については、よりオープンで民主的な意思決定プロセスを取り入れていくべきとされます。誰もが重要案件を起案することができ、その実行の可否や続行・中断の判断にも皆が参加できます。そして、個々の案件の企業における価値や重要性は株価や市況のように変動し、戦略や戦術はウィキペディアの記述を書き換えるように、その時点で最善と思われるものに軌道修正されます。

一方、現場における日常の小さな意思決定には、よりスピードが求められます。これまでのように情報を収集して上位者に報告し判断を仰ぐというプロセスでは間に合わず、<u>現場のスタッフが自律的に判断を下すようにしなければなりません。</u>需要に基づく部材の発注量と発注時期の決定、顧客条件に応じた料金プランや値引き率の導出、リテンション率の推

	要件	技術／関連キーワード
大きな 意思決定の 民主化	● 誰もが投資案件やアイデアを起案できる ● 誰もが起案された投資案件やアイデアに投票や投資ができる ● 誰もが起案された投資案件やアイデアに対して意見したりコメントを投稿したりできる ● 誰もが起案された投資案件やアイデアの実行経過や実績をタイムリーに知ることができる	● 市場原理 ● 社内仮想市場 ● 社内仮想通貨 ● 投票／アンケート機能 ● 投稿／コメント ● 経過・実績のモニタリング
小さな 意思決定の 自動化	● 判断基準となるビジネスルールを設定することができる ● しきい値を設定し、それを超える異常値が発生した場合アラートを発する ● 通常のトランザクションおよび異常値に対する判断結果などの実績値は蓄積され、ビジネスルールの改善やアルゴリズムの修正に活かされる	● ビジネスルール ● しきい値設定／アラート ● アルゴリズム ● 予測／シミュレーション ● ルールベース／知識ベース ● イベント駆動型ビジネスプロセス管理

移によるキャンペーンやマーケティング・プロモーションの続行可否判断、といったビジネスルールが明確な意思決定事項については、数学的アルゴリズムやシミュレーションを活用することで自動化できる部分が多いでしょう。あらかじめしきい値を設定し、それを超える異常値が発生したときのみアラートを発し、人が判断するという方法も考えられます。例外的な対応、複合的な条件要素を含む場合の判断、

感性・感情を重視した意思決定などについては、依然として人間が行う必要があるでしょうが、そうした場合においても、過去の事例や傾向を示すようなデータによって意思決定を支援することができます。自動的または人的な意思決定によって導き出された結論や行動の結果を、実績データとして蓄積し、それを分析にフィードバックすることで、意思決定の精度はさらに高まっていくはずです。

● 個人の成果と貢献を見える化する

　従業員の主体性を大切にし、一人ひとりの能力を最大限に発揮できるようにするためには、評価や報酬、働き方、職場環境などに気を配ることが求められます。従来型の企業では、従業員は管理すべきもの

だと考えがちです。たとえば、在宅勤務などを認めたら「ちゃんと仕事をしているかどうか心配だ」、「目の前にいないとすぐに指示できない」などと管理職が考えるのは、従業員が創造的な仕事を主体的に行う

Part.4

状況とは正反対の状況を想定しているからにほかなりません。

デジタル時代の組織カルチャーを持つ企業では、会社の描くビジョンや目指すべきゴールを明確に示し、それを全社員にしっかりと浸透させることに力を注ぎます。個人は、そのビジョンの実現やゴールへの到達のために、仕事をすることで貢献します。したがって、仕事の評価や報酬を決定する基準は、労働時間ではなくアウトプット、すなわち貢献の度合いです。そして、組織がトライブ化しているため、それは社内の従業員だけでなく、社外のパートナーに対しても同様です。

貢献の度合いが可視化されていなければ、個人は何を頑張れば良いのかわかりません。また、誰に賛同し、どのような協力や支援を提供すれば良いかもわかりません。したがって、企業は、企業全体、部門などの組織、そして個人のそれぞれの目標を明確化し、その進捗や達成度合いが誰からも見えるような仕組みを構築しなければなりません。

現在すでに、人材のスキルや経験をデータベース化して管理するタレントマネジメントのツールが一部の企業で活用されていますが、その機能をさらに拡充することが求められます。トライブ化した組織を迅速かつ柔軟に組成できるようにするには、特定のスキルや知識を持った人材を探索したり、公募やマッチングを行ったりできることも重要です。また、目標やアウトプットを適正に評価し、報酬と連動させなければなりません。このように個人のスキルや経験だけでなく、実績や貢献をデータとして一元化し、誰もが参照できる仕組みを整備することが求められます 04 。

04 個人の成果と貢献の見える化の仕組み

- 専門分野／知識
- 経験／技能
- 人とのつながり
- 目標／実績／評価

探索／マッチング

プロジェクト・オーナー

タレントデータベース

社内外のメンバー　　協力／支援／相互扶助　　ほかのメンバー

149

経営者に求められる
マインドと行動様式

DXの推進と組織カルチャーの変革はまさに経営課題であり、経営者は、
組織を作って人をアサインするだけで役割を果たしたと思ってはいけません。
経営者が果たすべき3つの役割を示します。

● トップの思いを込めた宣言と行動

　DXによって、企業がどこに向かうのかを明確に示すには、ビジョンが必要となります。ビジョンは、「5年後や10年後に、自分たちがどういうことを実現したいのか？」という未来の行き先、すなわち「目的」を示すものであり、簡潔な言葉で表現することが望ましいといえます。

01 DXの先に目指す未来像を示すビジョン

ビジョンとは

「5年後や10年後に、自分たちがどういうことを実現したいのか？」という未来の行き先、すなわち「目的」を示すもの

■ビジョンの例

トヨタを、クルマ会社を超え、人々のさまざまな移動を助ける会社、モビリティ・カンパニーへと変革する

出典：2018年1月のCESにおけるトヨタ自動車の豊田章男社長の発表

2018年1月、アメリカのネバダ州ラスベガスで毎年開催されるCES（コンシューマエレクトロニクスショー）において、トヨタ自動車の豊田章男社長が同社の新しいビジョンを発表しました。それは、「トヨタを、クルマ会社を超え、人々のさまざまな移動を助ける会社、モビリティ・カンパニーへと変革する」というものでした。これがまさにビジョンです。このビジョンの中には、やっていくこととやらないことの両方が明確に示されています **01**。

DXへの取り組みは、トリップでもトラベルでもなくデジタルジャーニーであると、しばしば表現されます。それは、行き先や日程が明確に定まっているわけではなく、しかも長い旅路となるからです。DXという不確定要素が多い長い旅路には、全社員が同じ方向を目指して進んでいけるように、未来の姿と向かうべき行き先を明確に示したビジョンを描き、それを全員で共有することが求められます。

しかし、ビジョンを描いて、それを宣言するだけで経営者の役割を果たしたと思ってはいけません。経営者は宣言するだけでなく、自ら動く、試す、使うという行動を起こすことが必要です。まずは、身近な生活の中でデジタルに接する機会を積極的に作るように心がけることです。今や、スマートフォンさえ使いこなすことができれば、さまざまなデジタルビジネスやサービスを体験できます。そして、社内のシステムにも自らアクセスし、誰よりも率先して利用しなくてはなりません。

● 挑戦者の後ろ盾となり、後押しをする

経営者が、DX推進組織を立ち上げて人をアサインしたら、それで自らの役割を果たしたと考え、その後の活動を円滑に進めるための環境づくりや後方支援を怠る状況が散見されます。このような現象を「あとはよろしく症候群」と呼んでいます。DXの推進は、従来の業務改善やシステム導入などと異なり、組織、制度、権限、人材、組織カルチャーなど、企業の根幹に関わる多岐にわたる変革が求められるため、経営者による継続的な関与と能動的な行動が不可欠であり、「あとはよろしく」では済まないのです。

とくに、新規事業の立ち上げにおいては、経営者の役割は非常に重要です。P.145〜147で、既存事業と新規事業の共存を図るための組織について、2つの組織の間の距離感の置き方が重要だと述べましたが、経営者がこれらのバランスを考慮し、両方の橋渡し役を担うことが大切です。

DXへの取り組みは、企業を丸ごと生まれ変わらせるような大きな取り組みです。したがって、それを1つのプロジェクトと捉えるのではなく、同時進行する複数のプロジェクト群が含まれるプログラムが断続的に繰り広げられる終わりのない活動であり、企業運営そのものであると考えるべきです **02**。

1年や3年の短期間で効果が出なければ止めるというものではなく、軌道修正を加えながら延々と続けていくべきものです。当然のことながら、その中のいくつかのプロジェクトは失敗することもあるでしょうし、取り組んではみたもののうまくいかないので元に戻すこともあるでしょう。そのような失敗

151

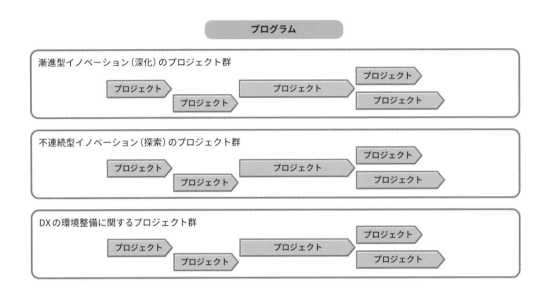

Part.4

や朝令暮改は、不確実性の高いDXにおいては許容さ　　れるべきことです。

組織の自律性を高め、権限を委譲する

　経営者に求められる3つの行動の最後に、組織の自律性を高め、権限を委譲することを挙げますが、実はこれが最も難しいことだと思います。なぜなら、多くの企業の経営者がこれまで正しいと思って実践してきたマネジメントやリーダーシップのあり方を真っ向から否定し、自らの考えや行動を大きく変えなければならないからです。

　P.135で今後、組織はトライブ化していくと述べましたが、このような流れを受け入れ、トライブ化した組織の舵取りをしていくために、経営者はこれまで

の経営や組織運営に関する常識を捨てなくてはなりません。従来のピラミッド型の組織を運営する能力と、フラットでオープンなトライブ型組織を運営する能力はまったく異なるということです。これまでのマネジメントは、上位層が戦略を考えて、指揮命令に忠実に従う社員にそれを実行させることを目指しています。また、それを支えるためにピラミッド型の階層組織や稟議承認ルール、業績評価、社内規定や業務慣行が形成されています。経営者の仕事は、この仕組みをうまく回すことでした。

フラットでオープンなトライブ型組織では、経営者を含む全社員が自分のなすべきことを自分で決めて、熱意を持ってそれに取り組み、最大の成果を上げることが重要とされます **03**。昨今、「内発的動機づけ」という言葉を耳にしますが、これはまさに全員が内発的動機づけに突き動かされた結果として、成果が生み出される状態を創り上げることです。外発的動機づけが「褒められたい」、「報酬が欲しい」といった外的な欲求によるものであるのに対して、内発的動機づけは、「自分はこうなりたい」、「自分はこれを実現したい」といった心の内側から沸き起こる意欲や関心を行動の原動力とすることです。経営者の仕事は、この内発的動機づけを沸き立たせる環境を整えることに尽きます。そのためには、従業員を信頼して権限を委譲しなければなりません。また、自分のいうことを聞かせるのでなく、従業員の声に耳を傾けなければなりません。もちろん、従業員が方向を見失わないように、1つ目に挙げたビジョンや目的を明確に示し、共感を得なければなりません。また、P.140で述べたように、意思決定においてもファクトに基づいた民主的な手法を取り入れることが求められます。

いずれにしても、これまでのピラミッド構造を上下180度反転させたような運営体制を構築しなければならないことを意味し、旧来型の経営者にとってはなかなか理解しにくいことといえます。

03 フラットでオープンなトライブ型組織の運営

従来の階層組織

戦略を考えて指示を出す

指揮命令に忠実に従う従業員

トライブ型の組織

一人ひとりが自律的に行動する

ビジョンを示し、従業員の声に耳を傾ける

外発的動機づけ

褒められたい

報酬が欲しい

内発的動機づけ

自分はこうなりたい

これを実現したい

7 DX推進リーダーに期待される 役割と姿勢

DXを推進するチームを率いるリーダーが担うべき役割は、
一般的な組織のマネージャーとは大きく異なります。
DX推進リーダーが果たすべき4つの役割と示すべき行動について解説します。

● 創造性をかき立てる環境を整える

　　DXを推進するリーダーの仕事は、チームのメンバーを管理することではなく、メンバーが創造的な活動をする場と機会を提供することです。メンバーが外部と接触する機会を作って刺激を与えたり、事業部門のメンバーと意見交換する場を設けたりして、チームを活性化させることも有効です。メンバーが

01 DXにおける経営者と推進リーダーの役割

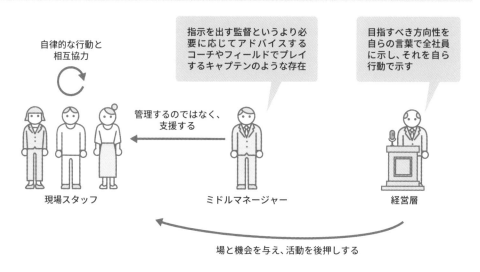

自律的な行動と
相互協力

指示を出す監督というより必要に応じてアドバイスするコーチやフィールドでプレイするキャプテンのような存在

目指すべき方向性を自らの言葉で全社員に示し、それを自ら行動で示す

管理するのではなく、
支援する

現場スタッフ　　　　ミドルマネージャー　　　　経営層

場と機会を与え、活動を後押しする

オペレーション業務に忙殺されたり、社内調整や会議に多くの時間を奪われたりすることのないように、チームのミッションを明確にし、それを全社に周知することが重要です。

メンバーに対しては、細かい業務指示を1つひとつ与えるのではなく、ある程度まとまった任務を権限とともに割り振り、メンバーを信頼してそれぞれの自己管理に任せることが大切です。自らも創造的な振る舞いを率先して行い、新しい手法や技術に挑戦的に取り組む姿勢を見せることも重要です。メンバーを育成することもリーダーの役割ですが、指導したり、教育したりするという方法ではなく、メンバーに自発的な学習を促し、それをサポートするような姿勢が望ましいといえます。スポーツになぞらえると、指示を出す監督というよりは、必要に応じて適宜アドバイスをするコーチのような存在であったり、ともにフィールドでプレイするキャプテンのような存在であったりすることが望ましいといえます 01 。

メンバーの自律的な行動を期待しますが、これは独立独歩、孤立無援となることを意味しているのではありません。それぞれが自発的に行動しながらも、メンバー同士が互いに協力し合い、教え合うような雰囲気を醸成することにも気を配らなくてはなりません。ほかのメンバーを助けたり、情報を積極的に共有したりすることを奨励し、チームに貢献したメンバーを称賛することが大切です。

● 既存制度や他組織からの圧力に対する防波堤となる

DX推進チームなどの新しいことに取り組む組織は、社内において異質な存在となりがちです。既存事業の強みを維持・強化する組織と、新たな事業や価値を創造する組織は、重視すべき要素や組織特性が異なります。一般的に、既存事業の組織は売上も人員数も大きく、役員などの上級職者は既存事業で成果を上げてきた人材が多いため、既存組織のほうが社内での発言力が大きい傾向があります。新規事業は、既存組織に蓄積された経営資源やノウハウを「借用」することが有益ですが、既存事業はこれまでと同様に業務を円滑に遂行し、業績を上げる責務を負っていますので、新規組織からの「借用」の要請に応える余裕も義務もないと考えられがちです。場合によっては、新規の取り組みが社内の抵抗に遭って、潰されてしまうかもしれません。既存の制度や組織カルチャーも既存事業がうまく回るように構築されたものばかりです。そのため、DX推進チームはしばしば既存制度の壁に行く手を阻まれたり、過去の常識を押し付けられそうになったりします。メンバーの創造的な活動が阻害されないように、リーダーが防波堤の役割を担わなければなりません 02 。

社内規定などの従来の制度やルールに忠実に従っていると、DXの推進のスピードが阻害されたり、外部の柔軟な活用が進まなかったりすることがあります。このような状況に直面した際に、リーダーは、経営者や人事部門などに働きかけて、部分的な緩和を要請するといった行動を起こさなければならない場合もあります。

155

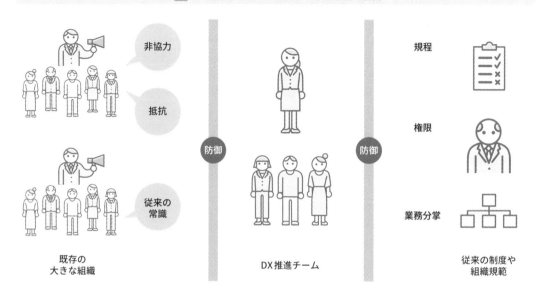

● ストレッチした目標を与えてメンバーを鼓舞する

DXの推進のような挑戦的な取り組みにおいては、人材を鼓舞し、チーム内の相互支援を促すために、チーム全体にも個々人にも、簡単に達成できそうにない、やや野心的な目標を持たせることが有効と考えられます。KPIなどを用いた従来の目標管理では、100%を達成することを目指した目標を設定することが多いですが、P.142で述べたOKRでは60〜70%の達成度で成功とみなすのが一般的です。それくらい難易度の高い目標を設定することが望ましいということです。つまり、個人やチームの業績を評価するために目標を立てるのではなく、ストレッチした目標にチャレンジする意欲を掻き立てることが主眼となります。

また、チーム全体の目標は、企業全体の目標に明確に紐付いており、さらに個人の目標はチームの目標の一部となっていることが重要な要件となります。そうすることで、自分が目標を達成することがチームの目標達成に貢献し、さらにそれが会社全体への貢献につながることが実感できるからです。設定した目標は、経営者を含む全社員にオープンにして、共有することがより望ましいと考えられます。チームや個人の目標が、他部門やチーム内の他者にも可視化されることで、コミュニケーションを図ることができ、目標達成に向けた協力や相互支援を促進することができます。

外部の力をうまく活用する

DXの推進についての経営者を含む全社的な意識を高め、デジタルリテラシーを向上させることも、リーダーの重要な役割です。しかし、内部の力だけで意識変革を促すことは困難といえます。とくに、同質性の高い組織では、異質な発言に耳を貸さない傾向が強いため、内部からの働きかけだけで人を突き動かすことはできません。そのため、「外圧」を使うというのも1つの手段となるかもしれません **03** 。

たとえば、外部の有識者に役員会で講演してもらったり、競合他社のDXへの取り組み事例を発表したり するといったことが有効です。顧客や取引先が対応を求めていることをアピールすることも外圧となるかもしれません。また、実際に体験してもらうことで、内発的動機づけに火をつけることも有効です。今は、体験型の3D工房やオープンラボなどの施設も多数存在します。デザイン思考やアジャイル開発などの手法についても、実際に体験できるワークショップやハンズオンセミナーなどがあちこちで開催されています。会社の外に出て、刺激や発見を得ることも有効です。

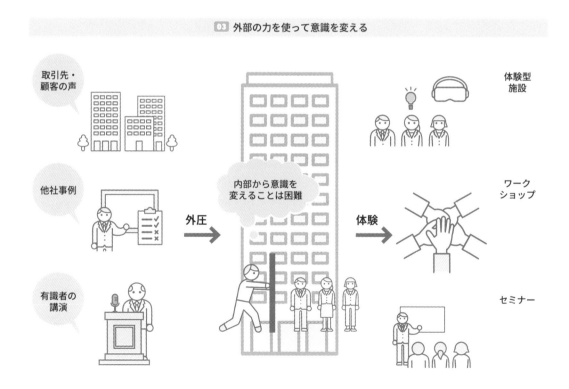

03 外部の力を使って意識を変える

取引先・顧客の声

他社事例

有識者の講演

外圧

内部から意識を変えることは困難

体験

体験型施設

ワークショップ

セミナー

チェンジマネジメントの必要性の再浮上

変革における「人に側面」に向き合う チェンジマネジメント

プロジェクトを遂行するためにプロジェクト管理が必要であることは広く認知されていますが、変革を推進する際に、変革のマネジメント、すなわちチェンジマネジメントが重要であることは、あまり認識されていません。プロジェクト管理は、個々のプロジェクトの品質、コスト、納期を遵守するための、技術的側面と手順や進捗といったプロセス的側面に焦点を当てた管理を主な対象範囲としますが、チェンジマネジメントは、変革に伴って必要となる個人の意識、動機付け、行動様式、組織カルチャーといった人的側面に焦点を当てます。

チェンジマネジメントは、欧米では非常に一般的な手法であり、主要なビジネススクールなどでもテーマとして取り上げられ、多くのグローバル企業で採用されています。チェンジマネジメントという分野は、BPR（ビジネスプロセス・リエンジニアリング）が注目された1990年代に確立されましたが、その起源は古く1950年代にまで遡るといわれています。変革プログラムの推進にあたって、プロジェクト管理者だけでなく、チェンジ・リーダーを設置するということも一般的です。

DXは、さまざまなデジタル化の実践施策に加えて、企業内変革や情報システムの再整備にまで至る、非常に多岐にわたる環境整備を伴う壮大な変革プログラムであり、関係するすべての人に変容を求める取り組みです。DXに限らず、企業が取り組むさまざまな変革プロジェクトの成功率は決して高くありません。失敗の原因の多くは、従業員の反発、改革意識の欠如、従来のやり方への固執など、「人の変化に対する抵抗」に関連していると考えられます。「人の変化に対する抵抗」に向き合い、デジタルジャーニーと呼ばれる長い旅路を前進させていくためには、チェンジマネジメントという強力な武器を持つことが推奨されます。

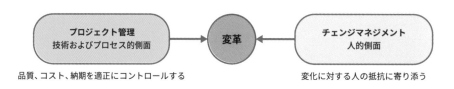

| 著者紹介 | 内山 悟志 |

うちやま さとし

株式会社アイ・ティ・アール、会長／エグゼクティブ・
アナリスト。大手外資系企業の情報システム部門などを
経て、1989年からデータクエスト・ジャパン（現ガート
ナー ジャパン）でIT分野のシニア・アナリストとして国
内外の主要ベンダーの戦略策定に参画。1994年に情報
技術研究所（現アイ・ティ・アール）を設立、代表取締役
に就任し、プリンシパル・アナリストとして活動を続け、
2019年2月より現職。企業のIT戦略およびデジタルトランスフォーメーションの推進のた
めのアドバイスやコンサルティングを提供している。10年以上主宰する企業内イノベーショ
ンリーダーの育成を目指した「内山塾」は600名以上を輩出している。

近著は『未来IT図解　これからのDX　デジタルトランスフォーメーション』（エムディエヌ
コーポレーション）、「テクノロジーをもたない会社の攻めのDX」（クロスメディア・パブリッ
シング）、ZDNet Japanにて「デジタルジャーニーの歩き方」を連載する。

あとがき

この2年間でDXに関連する書籍を何冊か世に送り出してきたこともあり、講演や講義の依頼内容のほとんどが
DXをテーマとしたものになりました。当初は、大企業やIT関連企業からの依頼が多かったのですが、最近になっ
てさまざまな業種の企業、地方の企業や団体、大学、警察や自治体など、非常に多方面からお声掛けいただくよ
うになりました。DXという言葉が広まったことを実感します。コロナ禍の影響もあって、ほとんどは出向くこ
となく、オンラインで実施されますが、自宅にいながらにしてさまざまな地域の多くの方々にメッセージを届
けられることをむしろ嬉しく思っています。

3回目の緊急事態宣言の渦中で本書を執筆しましたが、デジタルの恩恵を受けて、不自由なく仕事も生活もでき
ています。本書で述べたようにデジタルが社会にあまねく浸透し、前提となる時代になると、DXという言葉自
体は使われなくなっていくことでしょう。その時が、日本における本当のデジタル時代の到来といえるのかも
しれません。その時が一日も早く訪れることを期待します。

本書を手に取っていただき、最後まで読んでくださった読者の皆さんに感謝するとともに、本書が皆さんのDX
を一歩前に進めることに役立つことを願っています。

内山悟志

Staff

装丁・本文デザイン	木村由紀（MdN Design）
本文イラスト	平松 慶
編集・DTP制作	リンクアップ
編集長	後藤憲司
担当編集	塩見治雄

未来ビジネス図解　新しいDX戦略

2021年7月1日　初版第1刷発行

著者	内山悟志
発行人	山口康夫
発行	株式会社エムディエヌコーポレーション 〒101-0051　東京都千代田区神田神保町一丁目105番地 https://books.MdN.co.jp/
発売	株式会社インプレス 〒101-0051　東京都千代田区神田神保町一丁目105番地
印刷・製本	中央精版印刷株式会社

Printed in Japan
©2021 ITR Laboratories. All rights reserved.

【カスタマーセンター】

造本には万全を期しておりますが、万一、落丁・乱丁などがございましたら、送料小社負担でお取り替えいたします。
お手数ですが、カスタマーセンターまでご返送ください。

落丁・乱丁本などのご返送先
〒101-0051　東京都千代田区神田神保町一丁目105番地
株式会社エムディエヌコーポレーション カスタマーセンター
TEL：03-4334-2915

書店・販売店のご注文受付
株式会社インプレス　受注センター
TEL：048-449-8040／FAX：048-449-8041

● 内容に関するお問い合わせ先
株式会社エムディエヌコーポレーション カスタマーセンター メール窓口

info@MdN.co.jp

本書の内容に関するご質問は、Eメールのみの受付となります。メールの件名は「未来ビジネス図解　新しいDX戦略　質問係」とお書きください。電話やFAX、郵便でのご質問にはお答えできません。ご質問の内容によりましては、しばらくお時間をいただく場合がございます。また、本書の範囲を超えるご質問に関しましてはお答えいたしかねますので、あらかじめご了承ください。

ISBN978-4-295-20154-0　C0034